对外汉语本科系列教材

语言技能类(一年级)

看 图 说 话

上 册

丁永寿 编绘译

北京语言大学出版社

（京）新登字 157 号

图书在版编目（CIP）数据

看图说话　一年级·上：初级汉语口语练习/丁永寿著．
－北京：北京语言大学出版社，2003 重印
对外汉语本科系列教材
ISBN 7－5619－1007－X

Ⅰ．看…

Ⅱ．丁…

Ⅲ．汉语－口语－对外汉语教学－教材

Ⅳ．H195.4

中国版本图书馆 CIP 数据核字（2001）第 083629 号

责任校对：武志超
责任印制：乔学军
出版发行：北京语言大学出版社
社　　址：北京海淀区学院路 15 号　　邮政编码 100083
网　　址：http：//www. blcup. com
印　　刷：北京北林印刷厂
经　　销：全国新华书店
版　　次：2002 年 2 月第 1 版　2003 年 3 月第 2 次印刷
开　　本：787 毫米×1092 毫米　1/16　印张：11.5
字　　数：132 千字　印数：4001－7000 册
书　　号：ISBN 7－5619－1007－X/H · 01108
　　　　　2002 DW 0047
定　　价：27.00 元
发行部电话：010－82303651　82303591
　　　　传真：010－82303081
E-mail：fxb@ blcu. edu. cn

序

李 杨

　　教材是教育思想和教学原则、要求、方法的物化,是教师将知识传授给学生,培养学生能力的重要中介物。它不仅是学生学习的依据,也体现了对教师进行教学工作的基本规范。一部优秀的教材往往凝结着几代人的教学经验及理论探索。认真编写教材,不断创新,一直是我们北京语言文化大学的一项重点工作。对外汉语本科教育,从1975年在北京语言学院(北京语言文化大学的前身)试办现代汉语专业(今汉语言专业)算起,走过了二十多年的行程。如今教学规模扩大,课程设置、学科建设都有了明显发展。在总体设计下,编一套包括四个年级几十门课程的系列教材的条件业已成熟。进入90年代,我们开始了这套教材的基本建设。

　　北京语言文化大学留学生本科教育,分为汉语言专业(包括该专业的经贸方向)和中国语言文化专业。教学总目标是培养留学生熟练运用汉语的能力,具备扎实的汉语基础知识、一定的专业理论与基本的中国人文知识,造就熟悉中国国情文化背景的应用型汉语人才。为了实现这个目标,学生从汉语零起点开始到大学毕业,要经过四年八个学期近3000学时的学习,要修几十门课程。这些课程大体上分为语言课,即汉语言技能(语言能力、语言交际能力)课、汉语言知识课,以及其他中国人文知识课(另外适当开设体育课、计算机课、第二外语课)。为留学生开设的汉语课属于第二语言教学性质,它在整个课程体系中处于核心地位。教学经验证明,专项技能训练容易使某个方面的能力迅速得到强化;而由于语言运用的多样性、综合性的要求,必须进行综合性的训练才能培养具有实际意义的语言能力。因此在语言技能课中,我们走的是综合课与专项技能课相结合的路子。作为必修课的综合课从一年级开到四年级。专项技能课每学年均分别开设,并注意衔接和加深。同时,根据汉语基本要素及应用规律,系统开设汉语言本体理论知识课程。根据中国其他人文学科如政治、经济、历史、文化、文学、哲学等基础知识,从基本要求出发,逐步开设文化理论知识课程。专业及专业方向从三年级开始划分。其课程体系大致是:

一年级
汉语综合课:初级汉语
汉语专项技能课:听力课、读写课、口语课、视听课、写作课

二年级

  汉 语 综 合 课：中级汉语

  汉语专项技能课：听力口语、阅读、写作、翻译、报刊语言基础、新闻听力

  汉 语 知 识 课：现代汉语语音、汉字

  文 化 知 识 课：中国人文地理、中国近现代史

三年级

  汉 语 综 合 课：高级汉语（汉语言专业）

        中国社会概览（中国语言文化专业）

  汉语专项技能课：高级口语、写作、翻译、报刊阅读、古代汉语；经贸口语、

        经贸写作（经贸方向）

  汉 语 知 识 课：现代汉语词汇

  文 化 知 识 课：中国文化史、中国哲学史、中国古代史、中国现代文学史；

        中国国情、中国民俗、中国艺术史（中国语言文化专业）；

        当代中国经济（经贸方向）

四年级

  汉 语 综 合 课：高级汉语（汉语言专业）

        中国社会概览（中国语言文化专业）

  汉语专项技能课：当代中国话题、汉语古籍选读、翻译；

        高级商贸口语（经贸方向）

  汉 语 知 识 课：现代汉语语法、修辞

  文 化 知 识 课：中国古代文学史；中国对外经济贸易、中国涉外经济法规

        （经贸方向）；儒道佛研究、中国戏曲、中国古代小说史、中

        外文化交流（中国语言文化专业）

  这套总数为50余部的系列教材完全是为上述课程设置而配备的，除两部高级汉语教材是由原教材修订并入本系列外，绝大部分都是新编写的。

  这是一套跨世纪的新教材，它的真正价值属于21世纪。其特点是：

  1.系统性强。对外汉语本科专业、年级、课程、教材之间是一个具有严密科学性的系统，如图（见下页）：

  整套教材是在系统教学设计的指导下完成的，每部教材都有其准确的定性与定位。除了学院和系总体设计之外，为子系统目标的实现，一年级的汉语教科书（10部）和二、三、四年级的中国文化教科书（18部）均设有专门的专家编委会，负责制定本系列教材的编写原则、方法，并为每一部教材的质量负责。

  2.有新意。一部教材是否有新意、有突破，关键在于它对本学科理论和本课程教学有无深入的甚至是独到的见解。这次编写的整套教材，对几个大的子系列

和每一部教材都进行了反复论证。从教学实际出发，对原有教材的优点和缺点从理论上进行总结分析，根据国内外语言学、语言教学和语言习得理论以及中国文化诸学科研究的新成果，提出新思路，制定新框架。这样就使每一个子系列内部的所有编写者在知识与能力、语言与文化、实用性与学术性等主要问题上取得共识。重新编写的几十部教材，均有所进步，其中不少已成为具有换代意义的新教材。

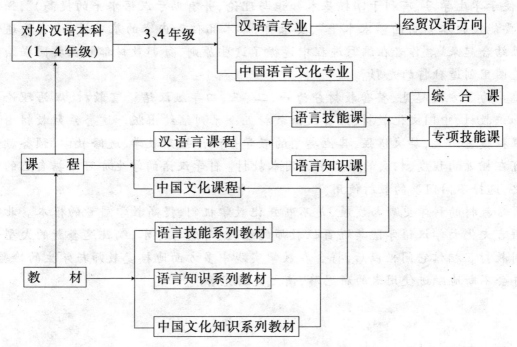

3.有明确的量化标准。在这套教材编写前和进行过程中，初、中、高对外汉语教学的语音、词汇、语法、功能、测试大纲及语言技能等级标准陆续编成，如《中高级对外汉语教学等级大纲》(1995年，孙瑞珍等)、《初级对外汉语教学等级大纲》(1997年，杨寄洲等)。一年级全部教材都是在这些大纲的监控下编写的，二、三、四年级汉语教材也都自觉接受大纲的约束，在编写过程中不断以大纲检查所使用的语料是否符合标准，是否在合理的浮动范围内。中国文化教材中的词汇也参照大纲进行控制，语言难度基本上和本年级汉语教材相当，使学生能够在略查辞典的情况下自学。这样就使这套教材在科学性上前进了一步。

4.生动性与学术性相结合。本科留学生是成年人，至少具有高中毕业的文化水平，他们所不懂的仅仅是作为外语的汉语而已。因此教材必须适合成年人的需要并具有相当的文化品位。我们在编写各种汉语教材时，尽可能采用那些能反映当代中国社会和中国人的生活、心态的语料和文章，使学生能够及时了解中国社会生活及其发展变化，学到鲜活的语言。一些入选的经典作品也在编排练习时注意着重学习那些至今依然富有生命力的语言,使教材生动、有趣味、有相对的稳定性。教材的学术性一方面表现为教材内容的准确和编排设计的科学,更重要的是,课程本身应当能够及时反映出本学科的新水平和新进展。这些都成为整套教材编写的基本要求之一。文化类教材,编写之初编委会就提出,要坚持"基础性(主要进行有关学科的基础知识和基本理论教育,不追求内容的高深)、共识性(内容与观点在学术界得到公认或大多数人有共识,一般不介绍个别学者的看法)、全貌性(比较完整与系统地介绍本学科面貌,可以多编少讲)、实用性(便于学生学习,有利于掌握基本知识与理论,并有助于汉语水平的提高)",强调"要能反映本学科的学术水平",要求将"学术品位和内容的基础性、语言的通俗性结合起来"。作者在编写过程中遵循了这些原则,每部教材都能在共同描绘的蓝图里创造独特的光彩。

为了方便起见,整套教材分为一、二、三、四年级汉语语言教材、汉语理论与知识教材、中国文化教材、经贸汉语教材五个系列陆续出版。这套系列教材由于课程覆盖面大,层次感强,其他类型的教学如汉语短期教学、进修教学、预备教学可在相近的程度、相同的课型中选用本教材。自学汉语的学生亦可根据自己的需要,选择不同门类的教材使用。

教材的科学更新与发展,是不断强化教学机制、提高教学质量的根本。北京语言文化大学汉语学院集近百位教师的经验、智慧与汗水,编就这套新的大型系列教材。相信它问世以后,将会在教学实践中多方面地接受教师与学生的检验,并会不断地融进使用者的新思路,使之更臻完善。

一年级系列教材说明

本套教程是对外汉语系列教材(语言技能类)的一年级部分。是为初学汉语的外国学生编写的。

全套教材包括:

1. 汉语教程(共 3 册)
2. 汉语阅读教程(共 3 册)
3. 汉语听力教程(共 3 册)
4. 汉语口语教程(1 册)
5. 看图说话(共 2 册)

《汉语教程》共分三册,第一册(30 课)每课要求 2 课时(每课时为 50 分钟),第二册(30 课)每课要求 3~4 课时。第三册(共 40 课)每课要求 4~6 课时。

《汉语听力教程》、《汉语阅读教程》每课要求 1 个学时。

《汉语口语教程》、《看图说话》每课要求 2 学时。

本套教材的编写原则是:语言实用,内容生动,练习丰富,语法简明。

这套教材的语言材料都是外国人来华学习生活或工作所需要的。教材的情景也都是以外国学生在中国的实际生活而设置的。无论是会话的编写或者是短文的选择,都力求生动活泼,富有情趣。教材中语法项目的出现由易到难,由简到繁,步步加深,循序渐进。语法解释简单明白,易于理解。每种教材都编制了丰富多样的练习,有必做的,也有选做的;有课堂练习,也有课外练习。通过这些练习,学生可以巩固课堂所学,加深记忆,掌握语言知识,提高语言技能。

一、《汉语教程》

《汉语教程》是综合课教材。综合课是整个基础汉语教学的骨干课,它要求通过课堂教学,全面掌握汉语语音、语法和词汇方面的知识,提高学生听说读写的语言技能,培养学生的汉语交际能力。

该课程从教学内容的角度可分为三个阶段:语音阶段、语法阶段和语汇阶段。语音阶段要求老师通过示范、领读、练习等教学手段,让学生掌握汉语的声母、韵母、音节、声调以及轻声、变调等主要的发音技能。同时学会认读和书写一定数量的常用汉字,为能顺利进入第二阶段的语法学习打下较好的语音基础。语法阶段的教学任务是:通过会话课文来学习汉语的基本语法,学生在理解语法的基础上,掌握句子或语段,具备初步会话能力。第三阶段的教学任务是通过生动有趣的短文教学,巩固学生所学的基本语法,扩大词汇量,训练成段表达能力。通过大量的课堂练习,进一步提高语言表达能力和社会交际能力。

综合课的课堂教学要求遵循对外汉语教学的客观规律,注意把语言知识教学与语言技能训练结合起来,把语言知识、语言技能和交际能力的培养结合起来。语言知识的教学过程就是语言技能的训练过程,同时也是交际能力训练过程。因此,课堂教学要把教材的语法、词语和句子置于实际情景中去讲练,这样,才能更好地培养学生的汉语技能和语言交际技能。

二、《汉语听力教程》、《汉语阅读教程》、《汉语口语教程》、《看图说话》

《汉语听力教程》、《汉语阅读教程》、《汉语口语教程》和《看图说话》是初级汉语教材的重要组成部分,与《汉语教程》配套使用。它们的教学任务是:

(一)复练《汉语教程》学过的语音、汉字、词汇和语法。

(二)单独进行所承担的听力、阅读和口语等语言技能训练。

初级阶段的听力课、口语课和阅读课属于单项技能训练课程,是围绕着综合课而设置的。它们的教学内容和练习形式要受到综合课的制约。在正规的语言教学单位,设置单项技能训练课程是完全必要的。

听说读写既是汉语教学的重要目的,又是重要的教学手段。也就是说,学生的听力技能必须通过"听"这一教学手段来获得,阅读能力只有通过"读"来培养,说话的能力必须通过"说"来训练,写作能力也只能靠"写"来提高。听说读写这四项语言技能既相对独立又相互关系,既互相制约又互相促进。初级阶段的主要任务是听说技能的训练,但也不可忽视读写能力的培养。听说读写要全面要求,共同提高。在进行各个单项技能训练时要注意与其他技能的有机结合。例如,听力课主要练习听,同时也要适当与说相结合;阅读课以读为主,同时也要结合说或写。这样做不仅不违背课程教学原则,还会更加有利于课堂教学效率的提高。

初级汉语教材的编写是一项艰巨的系统工程。在教材编写过程中,我们吸收和借鉴了国内一些教材的长处,这是要特别加以说明的。

对这套教材,我们追求的目标是好教、好学、好用。但能不能实现这一目标要靠教学实践来检验。希望使用这套教材的老师和同学们多提意见,以便再版时加以修订。

杨寄洲

1997 年 7 月

编 者 的 话

　　这是一本为初学汉语的外国学生编写的口语培训辅助教材。全书共二册,设置 30 课,供对外汉语本科一年级学生使用,建议每周 2 学时,一学年内全部学完。

　　本书以单幅或连环漫画为素材,通过看图说话的方式,形象地训练学生的口语表达能力。全书的内容包括:看图发音、这是什么(这是什么动作)、看图说话、对话、词语、问题、复述和补充生词、测试等部分。

致教师:

　　形象在语言习得过程中具有特殊的地位。它在人们幼年习得母语的过程中起着至关重要的作用,已是毋庸置疑的事实。在学习第二语言时,它仍是一种不可忽视的重要手段。

　　编者认为,形象教学至少具有以下特点:

　　1. 作为一种开发学生潜在记忆的有效方法,形象教学有助于学生直接建立意义与汉语字形及拼音之间的联系,因为图画可使学生想起通过发音和字形所表现的意思。更重要的,图画可加深学生对所学字形和发音的记忆。

　　2. 借助图画的帮助,学生能够在观察和想像上不受羁绊,从而易于学生形成合乎逻辑的句子和语段。此外,图画还能够提供一个运用语言的明确语境或想像的方向。

　　3. 活泼有趣的卡通图画易于激发学生学习汉语的兴趣和积极性。

　　基于以上的分析,教师在使用本教材时,要特别注意引导学生,从直观形象入手,激发学生的潜在记忆,启发学生通过观察、想像形成口语表达。教师要根据图画内容,为学生创设具体而明确的语境,帮助学生完成训练。另外,在教学中,教师要适应不同水平的学生,灵活掌握,训练可繁可简,可易可难,水平高的学生可以多说,水平低的学生可以少说。在看图说话时,如果学生觉得较难,可先由教师复述,再让学生回答问题和模仿复述,遇有未曾学过的语法点,教师只需简单点破,让学生明白意思即可,不必做大量语法讲解。

致学生:

　　学生在学习过程中,要根据教材各部分的要点,采取恰当的学习方法,同时注意以下问题:

1. 看图发音

这是配合综合课语音阶段,将音素或音节形象化、意义化。这样做可以将机械、枯燥的语音操练变得生动有趣。因此,学生要注意对形象的记忆,在今后由这些音素或音节所构成的单音节词出现前留下第一印象。

2. 这是什么(这是什么动作)

这部分每课由两组词组成。每个生词都以图画的形式出现,并附有汉字和拼音。学生要以图画—拼音—汉字的顺序逐一掌握这些生词,直至不看拼音和汉字,见图即能大声说出这是什么或什么动作,并在回答问题时能正确运用它们。

3. 看图说话

这是各课中的重点部分,学生要仔细看图,不要忽略图中的任何细节,要发挥理解力和想像力,尽可能把图中的意思看明白,再顺序回答与该图有关的所有问题,然后,再把问题的答案串联起来,就是对该图的复述。

4. 对话

对话部分是学生进行交际性语言训练的材料,也是复述部分的补充。

5. 词语

每课的各部分均出现少量常用的生词或短语。这是为操练该部分的语言材料所必需的,学生应记住它们,并在练习中加以使用。这些词语同时还为学生回答问题和复述起到提示作用。

6. 补充生词

这部分生词仍属需掌握的常用词,经形象化后供学生自学之用。

7. 试卷

本书附试卷六份,学完本教程后可供教师测试或学生自测之用,其目的在于测试学生口语成段表达能力,其中包括:

(1) 声调、语调是否正确;

(2) 用词是否得当;

(3) 语法是否正确;

(4) 表述是否清楚和流利。

上述语言测试基本属于对语言技能范畴的测试。语言技能是需要依靠平时勤奋训练,日积月累而逐步形成的,而决非是临考前突击复习所能达到的结果。鉴此,这六份试卷在试前不仅无需保密,而且还要求学生:

(1) 仔细看图,学习所给词语;

(2) 运用这些词语口头回答问题;

(3) 口头描述图画内容。

测试成绩可按上述要求,给予优、良、及格和不及格等四个等级。

本书的编绘出版是一次新的尝试,欢迎使用本书的师生提出宝贵意见。

丁永寿

2001 年 10 月
于北京语言文化大学汉语学院

Compiler's Notes

The present textbook is prepared as a supplementary oral training material for Chinese beginners. Consist of 30 lessons, the two-volume textbook is designed for students learning Chinese as a foreign language in Grade One, which could be finished in one year if the students have two classes per week.

The book takes one or series of cartoon pictures as materials for students' oral practice in the class, which includes the following parts in each lesson: Look at the pictures and pronounce the following syllables; What (act) is it; Words and expressions; Talk about the pictures; Dialogue, Retell, Tests paper, and so on.

To teachers

As we know, images play an important role in the process of language acquisition of our mother tongue, especially in the period of childhood. We believe that they could function equally well in the course of second language learning.

Generally speaking, the way of teaching language with the aid of pictures has the following advantages:

1. Being an effective way of developing students' potential memory, it is helpful for students to construct immediately the connection between the meanings and the Chinese characters and *pinyin* because the pictures could remind of students the meaning represented by the sounds and characters. What is more, the pictures could strengthen the students' memory of the characters and sounds that are supposed to be learnt by heart.

2. With the aid of pictures, students could give free rein to their observation and imagination, and thus it is easy for them to make up logical sentences and passages. Furthermore, the pictures could also provide a specific context or a direction for students to imagine and to use the language.

3. Finally, the lively and funny cartoons could easily arouse students' interest and enthusiasm for learning Chinese language.

When using this book, teachers should guide students to focus on the visual images, enlightening them to express their thoughts and ideas freely. During the course of teaching, teachers should make a flexible use of the book to adapt to students of different levels. In case that the students feel the materials are too hard to talk about, teachers may help them to construct the specific context and to make up a comparatively complete and reasonable story. They may offer their own version first and then ask questions and finally ask students to retell. As for the language points encountered in the classroom, the teachers need only to explain briefly to make the students to focus on the meaning, and it is not necessary to expound completely.

To students

Different methods should be adopted in accordance with the specific contents in each part of the lesson. To be exact, the following suggestions are offered in view of the different part of the contents.

1. Look at the pictures and pronounce the following syllables

To cater for the Chinese pronunciation learning in comprehensive lessons at the beginning stage, this part is devised to add pictures to those individual, abstract phonemes and syllables, and therefore to entitle them with meanings. In this way, the mechanical and dull drills would become interesting and with lots of fun. The first impression of these phonemes and syllables as well as the words represented by them would form the basic vocabulary of students.

2. What (act) is it

In each lesson (from 4-30), there are two groups of eight nouns or verbs, totaling 16 words, each of which is matched with a picture accompanied by Chinese characters and *pinyin*. The students may learn them in the order of picture-*pinyin*-characters, and thus the pictures could arouse students' interest to learn the Chinese characters and *pinyin* standing for the meaning indicated by the pictures. Students should memorize each word step by step, and finally use them in answering questions and other exercises without looking at them.

3. Talk about the pictures

This is a rather essential part of each lesson. Students are supposed to look at the pictures first, paying close attention to every detail, and then answer the questions with the help of words and expressions given below. And after that, students are expected to retell the story by piecing together the answers to those questions.

4. Dialogues

This part is devised as materials for communicative training practice. Students are expected to work in groups and to be able to talk without looking at the book.

5. Words and expressions

In each lesson, there are some commonly used words and expressions, which are necessary for students to do the drills. Students are supposed to memorize and use them in the practice of drills as well as in answering the questions and retelling the stories.

6. Supplementary words

Supplementary words, accompanied with pictures, are presented for the students to build up a large vocabulary that could be used in their daily life. Students may learn them by heart in their spare times.

7. Test papers

Six test papers are included in the book as an appendix for teachers to test students' ability to speak in Chinese at the end of the course or students to test themselves during their learning. The standards of the testing are as follows:

(1) Whether the tones and intonations are properly used;

(2) Whether the words and expressions are properly used;

(3) Whether the grammatical rules are used correctly;

(4) Whether the oral expression is clear and fluent.

The above-mentioned test papers are mainly designed to test students' language skills, which could never be achieved by a rush job in a few days before the examination, but hard work and repeated practice over a certain period of time. Therefore, the six papers included here are not necessary to be kept secretly before the examination. Quite on the contrary, the students could take them as self-testing materials. To do this, students are required to:

(1) Look at the pictures carefully and learn by heart the new words and expressions provided;

(2) Answer the questions orally and they are expected to use those new words and expression;

(3) Describe the pictures orally.

The score of the test could be divided into four categories on the basis of the standards mentioned above: Excellent, Fine, Pass and Not pass.

In the end, this book, as well as the way of teaching employed by it, is a new attempt in the field of teaching Chinese as foreign language. Any comments and criticisms from both teachers and students are warmly welcomed, and we sincerely hope, the book will be of great help for the teaching and learning.

Author: Yongshou Ding

October 2001

Chinese Academy

Beijing Language and Culture University

目　　录

第一课

1. 看图发音（A）

Look at the pictures and pronounce the following syllables

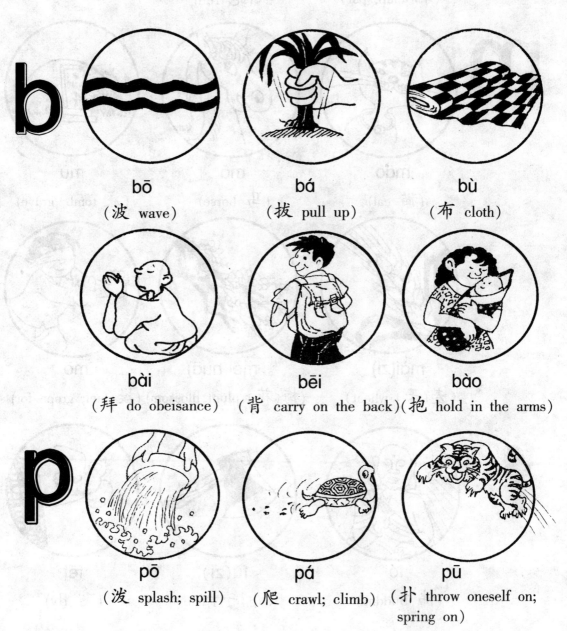

b

bō
（波 wave）

bá
（拔 pull up）

bù
（布 cloth）

bài
（拜 do obeisance）

bēi
（背 carry on the back）

bào
（抱 hold in the arms）

p

pō
（泼 splash; spill）

pá
（爬 crawl; climb）

pū
（扑 throw oneself on; spring on）

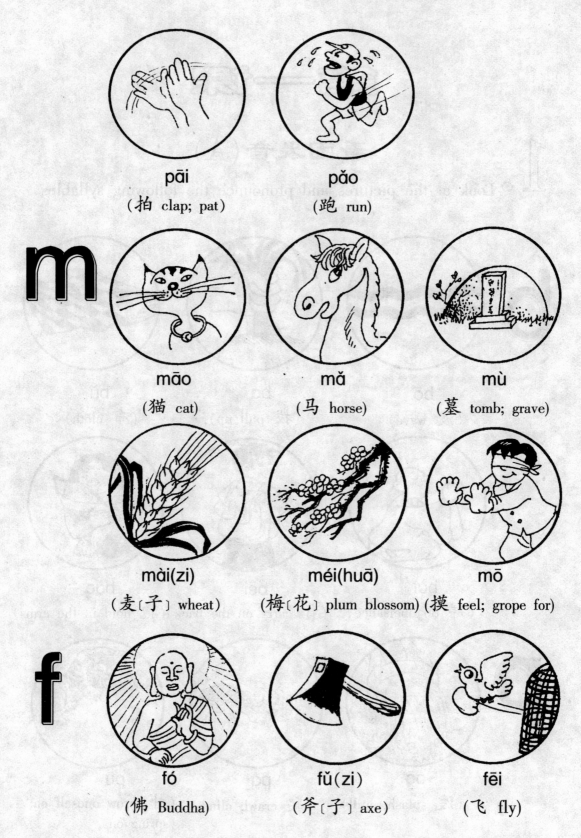

pāi
（拍 clap; pat）

pǎo
（跑 run）

m

māo
（猫 cat）

mǎ
（马 horse）

mù
（墓 tomb; grave）

mài(zi)
（麦〔子〕 wheat）

méi(huā)
（梅〔花〕 plum blossom）

mō
（摸 feel; grope for）

f

fó
（佛 Buddha）

fǔ(zi)
（斧〔子〕 axe）

fēi
（飞 fly）

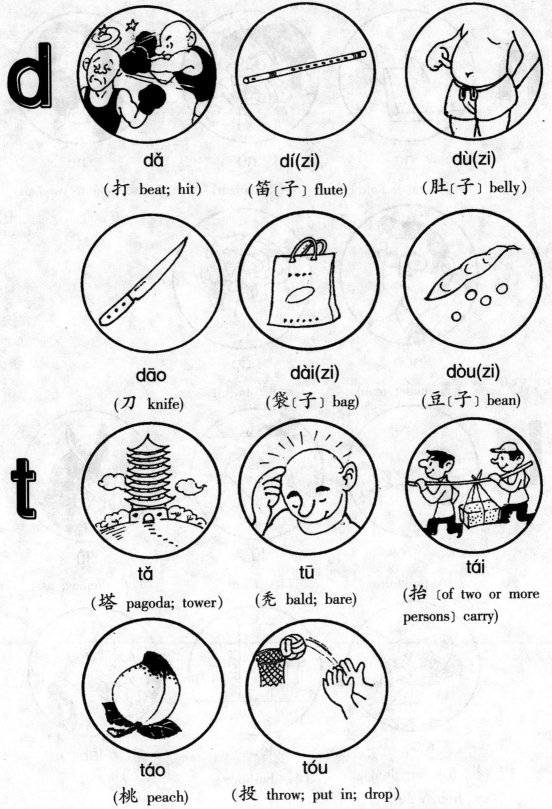

d

dǎ
（打 beat; hit）

dí(zi)
（笛〔子〕flute）

dù(zi)
（肚〔子〕belly）

dāo
（刀 knife）

dài(zi)
（袋〔子〕bag）

dòu(zi)
（豆〔子〕bean）

t

tǎ
（塔 pagoda; tower）

tū
（秃 bald; bare）

tái
（抬〔of two or more persons〕carry）

táo
（桃 peach）

tóu
（投 throw; put in; drop）

n

ná
(拿 take; hold)

nù
(怒 anger)

nǔ
(女 female; woman)

nán
(男 male; man)

nǎo
(脑 brain)

l

lā
(拉 pull; drag)

lù
(路 road)

lǘ
(驴 donkey; ass)

lāo
(捞 fish for; dredge
up 〔from water〕)

lóu
(楼 building)

lèi
(累 tired)

g

gē(zi)

(鸽〔子〕 pigeon; dove)

gǔ

(鼓 drum)

gài

(盖 cover)

gěi

(给 give)

gǒu

(狗 dog)

gǎo

(镐 pick; pickaxe)

k

kě

(渴 thirsty)

kū

(哭 cry; weep)

kāi

(开 open)

kǎo

(烤 bake; warm
by a fire)

kǒu

(口 mouth; opening)

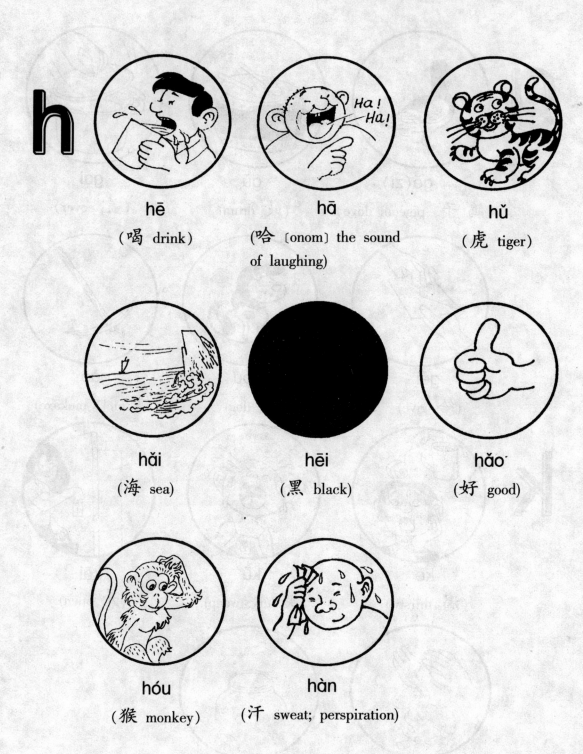

h

hē

（喝 drink）

hā

（哈 〔onom〕 the sound
of laughing）

hǔ

（虎 tiger）

hǎi

（海 sea）

hēi

（黑 black）

hǎo

（好 good）

hóu

（猴 monkey）

hàn

（汗 sweat; perspiration）

看图发音（B）

2.

Look at the pictures and pronounce the followe syllables

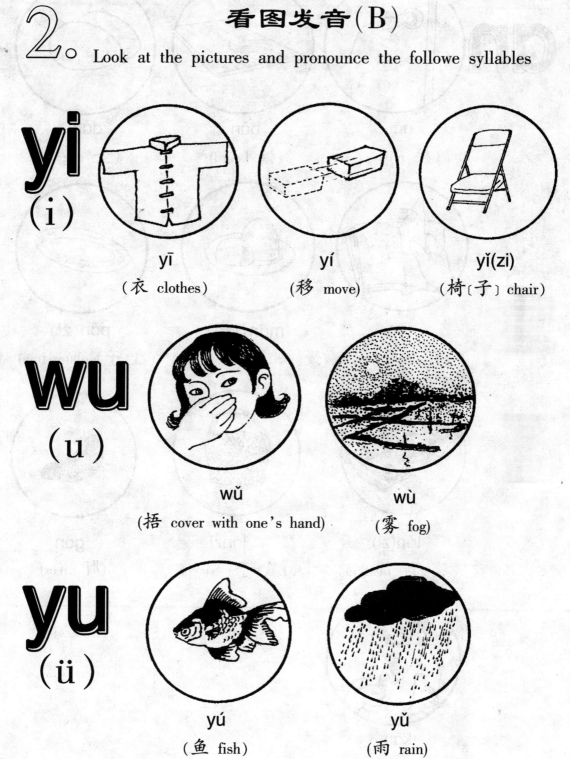

yi
(i)

yī
（衣 clothes）

yí
（移 move）

yǐ(zi)
（椅〔子〕 chair）

wu
(u)

wǔ
（捂 cover with one's hand）

wù
（雾 fog）

yu
(ü)

yú
（鱼 fish）

yǔ
（雨 rain）

an

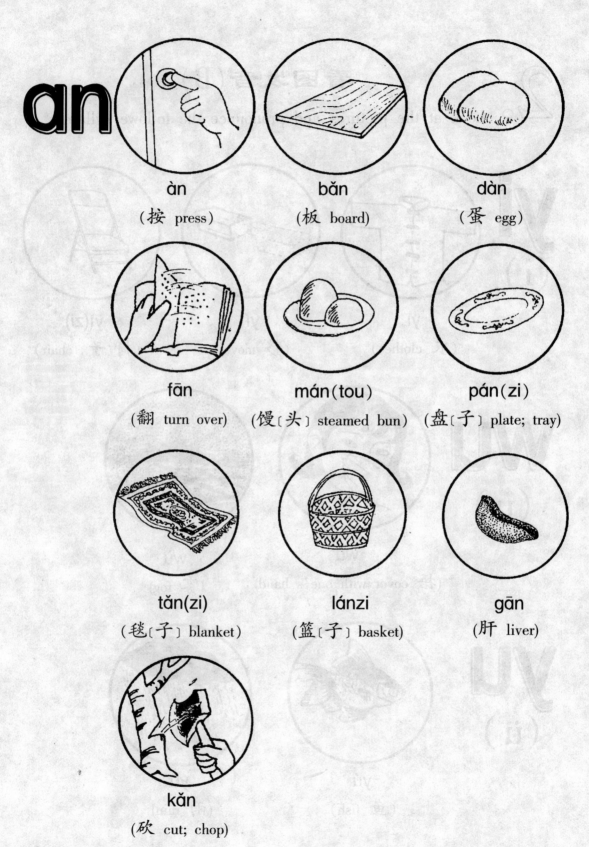

àn

(按 press)

bǎn

(板 board)

dàn

(蛋 egg)

fān

(翻 turn over)

mán(tou)

(馒〔头〕 steamed bun)

pán(zi)

(盘〔子〕 plate; tray)

tǎn(zi)

(毯〔子〕 blanket)

lánzi

(篮〔子〕 basket)

gān

(肝 liver)

kǎn

(砍 cut; chop)

en

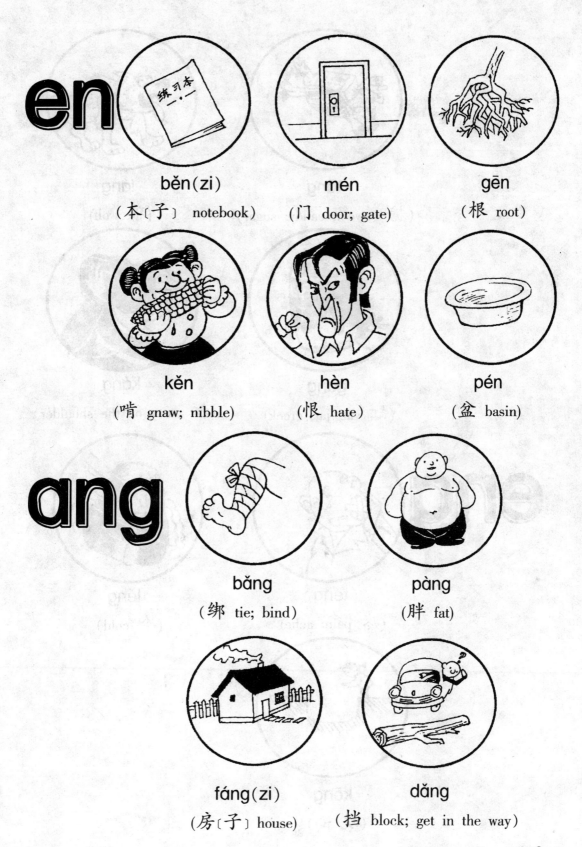

běn(zi)

(本〔子〕 notebook)

mén

(门 door; gate)

gēn

(根 root)

kěn

(啃 gnaw; nibble)

hèn

(恨 hate)

pén

(盆 basin)

ang

bǎng

(绑 tie; bind)

pàng

(胖 fat)

fáng(zi)

(房〔子〕 house)

dǎng

(挡 block; get in the way)

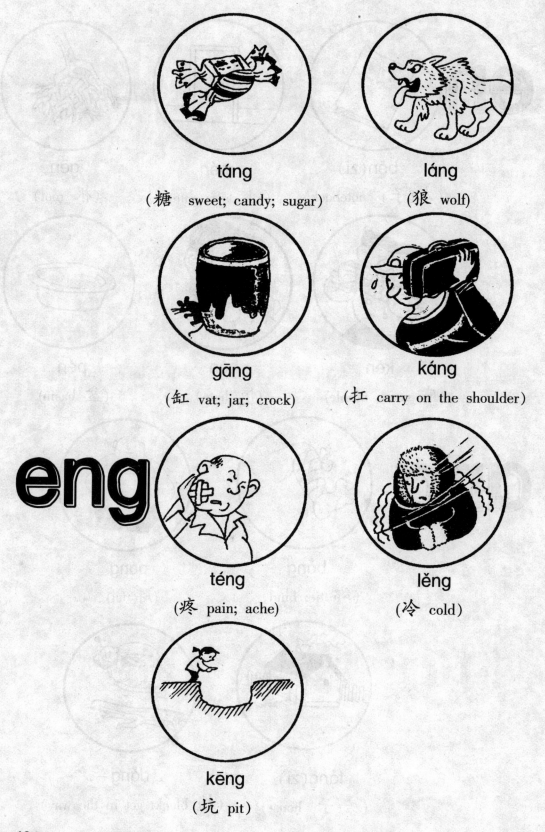

táng

(糖 sweet; candy; sugar)

láng

(狼 wolf)

gāng

(缸 vat; jar; crock)

káng

(扛 carry on the shoulder)

eng

téng

(疼 pain; ache)

lěng

(冷 cold)

kēng

(坑 pit)

ong

tǒng

（桶 tub; pail; bucket）

lóng

（龙 dragon）

gōng

（弓 bow）

hóng

（虹 rainbow）

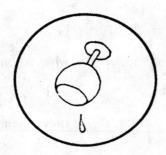

kōng

（空 empty）

3.

看图说话

Talk about the picture

麦克和玛丽

麦克
Màikè

玛丽
Mǎlì

❖ 词语 Words and expressions ❖

1.	是	shì	be
2.	谁	shuí	who; whom
3.	和	hé	and
4.	他们	tāmen	they; them

❖ 问题 Questions ❖

1. 他是谁？
2. 她是谁？
3. 他们是谁？

他 是 麦克, 她 是 玛丽。
Tā shì Màikè, tā shì Mǎlì.

他们 是 麦克 和 玛丽。
Tāmen shì Màikè hé Mǎlì.

对话

Dialogue

麦克: 你 好, 玛丽!
Màikè: Nǐ hǎo, Mǎlì!

玛丽: 你 好, 麦克!
Mǎlì: Nǐ hǎo, Màikè!

麦克： 你 爸爸、妈妈 好 吗？
Màikè： Nǐ bàba、māma hǎo ma?

玛丽：他们 很 好。
Mǎlì： Tāmen hěn hǎo.

麦克：他们 忙 吗？
Màikè： Tāmen máng ma?

玛丽：爸爸 很 忙，妈妈 不 太 忙。
Mǎlì： Bàba hěn máng, māma bú tài máng.

第二课

看图发音（A）

1. Look at the pictures and pronounce the following syllables

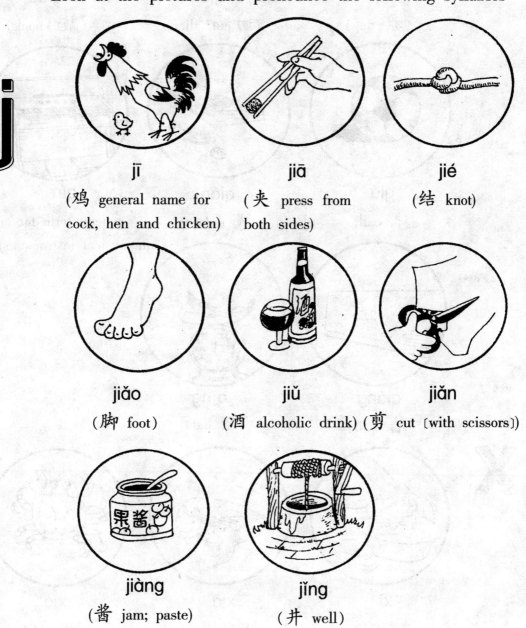

j

jī
(鸡 general name for cock, hen and chicken)

jiā
(夹 press from both sides)

jié
(结 knot)

jiǎo
(脚 foot)

jiǔ
(酒 alcoholic drink)

jiǎn
(剪 cut〔with scissors〕)

jiàng
(酱 jam; paste)

jǐng
(井 well)

q

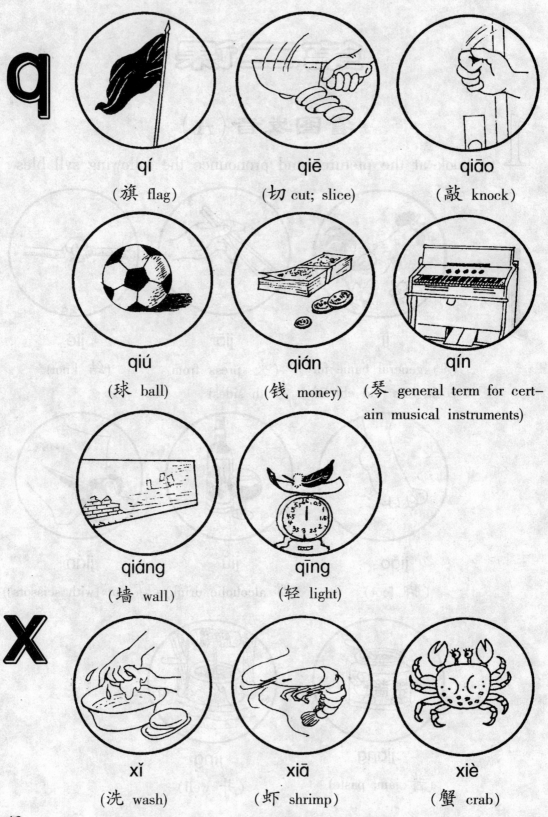

qí
(旗 flag)

qiē
(切 cut; slice)

qiāo
(敲 knock)

qiú
(球 ball)

qián
(钱 money)

qín
(琴 general term for cert-
ain musical instruments)

qiáng
(墙 wall)

qīng
(轻 light)

X

xǐ
(洗 wash)

xiā
(虾 shrimp)

xiè
(蟹 crab)

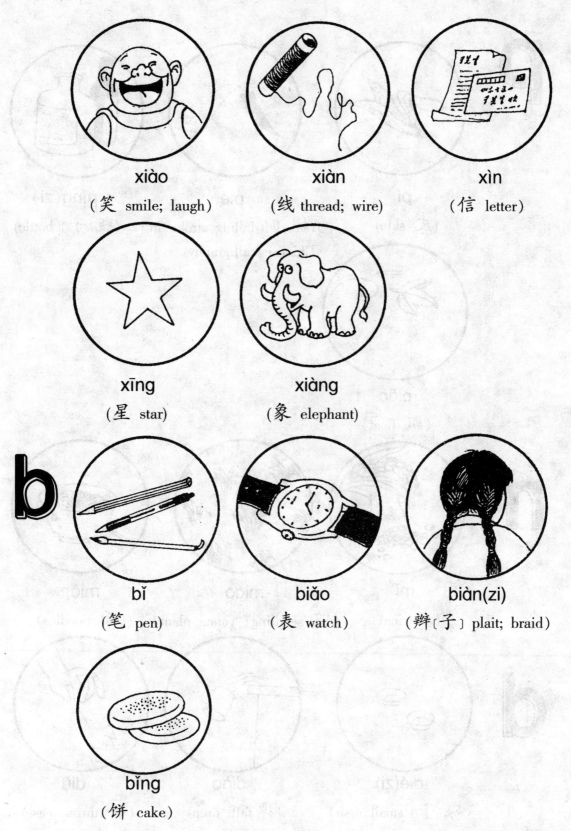

xiào

（笑　smile; laugh）

xiàn

（线　thread; wire）

xìn

（信　letter）

xīng

（星　star）

xiàng

（象　elephant）

b

bǐ

（笔　pen）

biǎo

（表　watch）

biàn(zi)

（辫〔子〕plait; braid）

bǐng

（饼　cake）

p

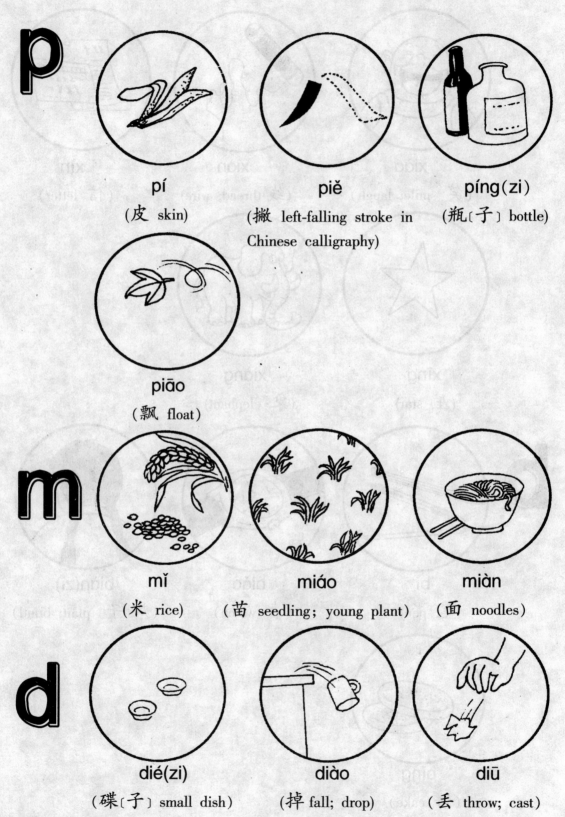

pí
(皮 skin)

piě
(撇 left-falling stroke in Chinese calligraphy)

píng(zi)
(瓶〔子〕 bottle)

piāo
(飘 float)

m

mǐ
(米 rice)

miáo
(苗 seedling; young plant)

miàn
(面 noodles)

d

dié(zi)
(碟〔子〕 small dish)

diào
(掉 fall; drop)

diū
(丢 throw; cast)

diǎn
(点 dot; dot stroke)

dīng(zi)
(钉〔子〕nail)

t

tī
（踢 kick）

tiē
（贴 stick; paste）

tiào
（跳 jump）

tiǎn
(舔 lick; lap）

tīng
（听 listen to: hear）

n

nǐ
（你 you）

niē
（捏 pinch; hold between
the fingers）

niǎo
（鸟 bird）

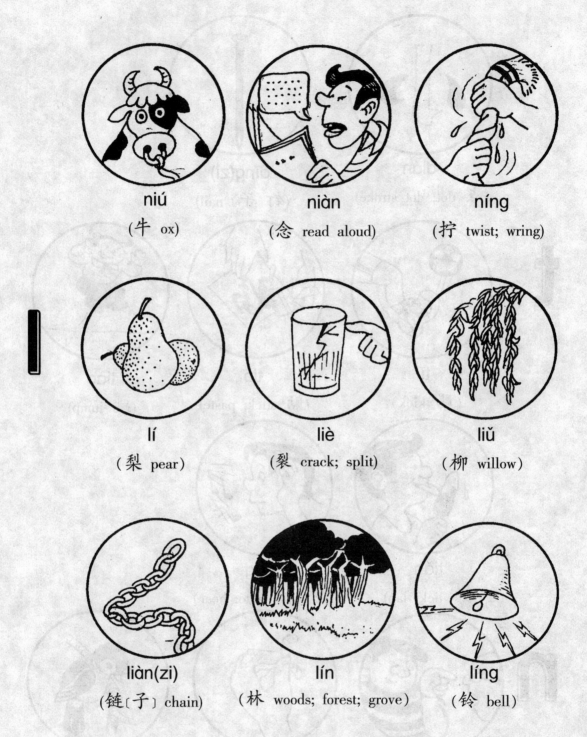

niú
(牛 ox)

niàn
(念 read aloud)

níng
(拧 twist; wring)

lí
(梨 pear)

liè
(裂 crack; split)

liǔ
(柳 willow)

liàn(zi)
(链〔子〕chain)

lín
(林 woods; forest; grove)

líng
(铃 bell)

看图发音（B）

2. Look at the pictures and pronounce the following syllables.

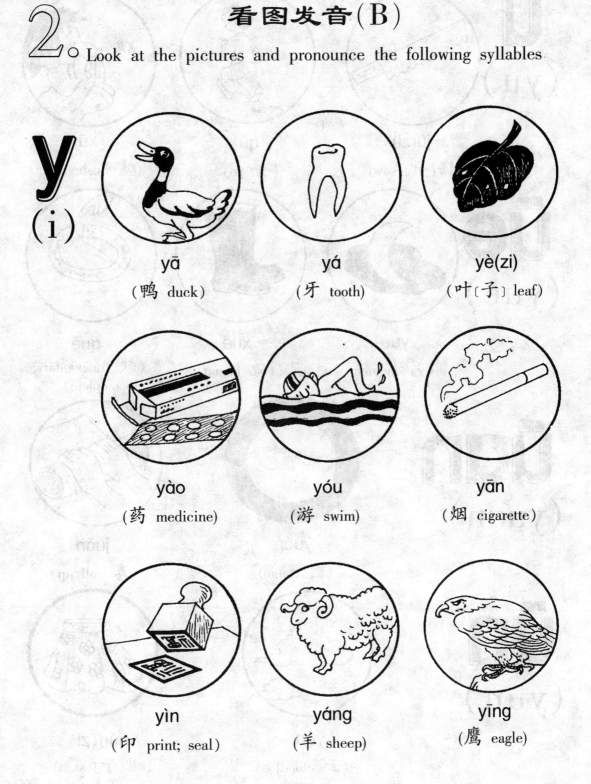

y
(i)

yā
（鸭 duck）

yá
（牙 tooth）

yè(zi)
（叶〔子〕leaf）

yào
（药 medicine）

yóu
（游 swim）

yān
（烟 cigarette）

yìn
（印 print; seal）

yáng
（羊 sheep）

yīng
（鹰 eagle）

ü
(yu)

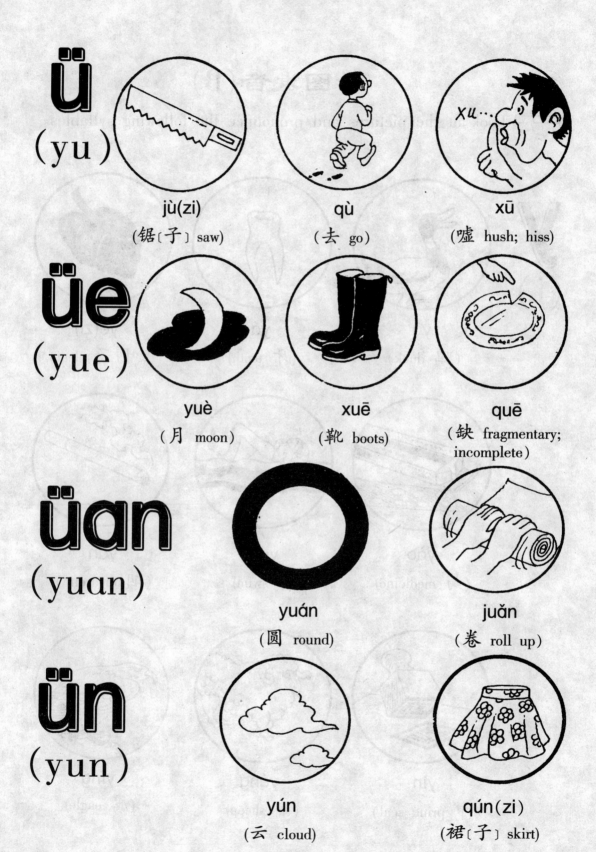

jù(zi)

(锯〔子〕 saw)

qù

(去 go)

xū

(嘘 hush; hiss)

üe
(yue)

yuè

（月 moon）

xuē

（靴 boots）

quē

（缺 fragmentary;
incomplete）

üan
(yuan)

yuán

（圆 round）

juǎn

（卷 roll up）

ün
(yun)

yún

（云 cloud）

qún(zi)

（裙〔子〕 skirt）

er

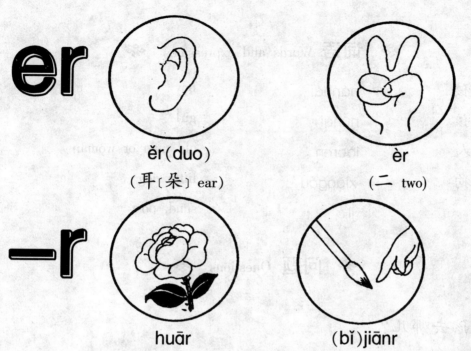

ěr(duo)
(耳〔朵〕ear)

èr
(二 two)

-r

huār
(花儿 flower)

(bǐ)jiānr
(〔笔〕尖儿 〔of a pen〕 tip; point)

看图说话

3.

Talk about the pictures

他（她）去哪儿？

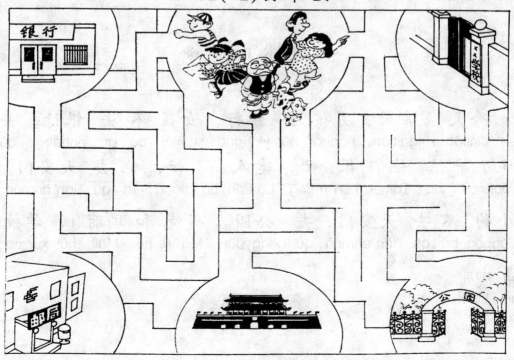

1. 男孩　　　　　nánhái　　　　　boy
2. 女孩　　　　　nǚhái　　　　　girl
3. 老人　　　　　lǎorén　　　　　old man or woman
4. 小狗　　　　　xiǎogǒu　　　　little dog
5. 寄　　　　　　jì　　　　　　　send, post

❖ 问题 Questions ❖

1. 男孩去哪儿？
2. 女孩去哪儿？
3. 老人去哪儿？
4. 小狗去哪儿？
5. 麦克和玛丽去哪儿？

❖ 复述 Retell ❖

今天 星期天，男孩 去 银行，女孩 不 去 银行，去
Jīntiān xīngqītiān, nánhái qù yínháng, nǚhái bú qù yínháng, qù
邮局 寄 信。他们 很 忙。老人 不 忙，他 去 天安门。
yóujú jì xìn. Tāmen hěn máng. Lǎorén bù máng, tā qù Tiān'ānmén.

小狗 不 去 天安门，去 公园。麦克和 玛丽 回 学校
Xiǎogǒu bú qù Tiān'ānmén, qù gōngyuán. Màikè hé Mǎlì huí xuéxiào
喝 咖啡。
hē kāfēi.

· 24 ·

4. 对话

Dialogue

玛丽：　王　老师，您　好！
Mǎlì:　Wáng lǎoshī, nín hǎo!

王老师：　是　玛丽　啊，你　好！
Wáng lǎoshī: Shì Mǎlì a, nǐ hǎo!

玛丽：　王　老师，您　去哪儿？
Mǎlì:　Wáng lǎoshī, nín qù nǎr?

王老师：　我　去　邮局寄信。你去哪儿？
Wáng lǎoshī: Wǒ qù yóujú jì xìn. Nǐ qù nǎr?

玛丽：　我　和　朋友　去　公园。
Mǎlì:　Wǒ hé péngyou qù gōngyuán.

王老师：　他们　都　是　你　的　朋友　吗？
Wáng lǎoshī: Tāmen dōu shì nǐ de péngyou ma?

玛丽：是 的,都 是 我 的 中国　朋友。
Mǎlì:　Shì de, dōu shì wǒ de Zhōngguó péngyou.

王老师：你们 在 一起 说　英语 吗?
Wáng lǎoshī: Nǐmen zài yìqǐ　shuō Yīngyǔ ma?

玛丽：不，我们 说　汉语。
Mǎlì:　Bù, wǒmen shuō　Hànyǔ.

王老师：很 好。啊，我 到 了。再见!
Wáng lǎoshī: Hěn hǎo. A,　wǒ dào le.　Zàijiàn!

玛丽：再见!
Mǎlì:　Zàijiàn!

❖ 词语 Words and expressions ❖

1.	中国	Zhōngguó	China
2.	在	zài	be at; be in
3.	一起	yìqǐ	together
4.	到	dào	to reach; to get to

第三课

看图发音（A）

1. Look at the pictures and pronounce the following syllables

Z

zì
（字 character）

zāi
（栽 plant）

zāng
（脏 dirty）

zéi
（贼 thief）

zǒu
（走 walk）

zuān
（钻 make one's way through）

zuǐ
（嘴 mouth）

zuò
（坐 sit）

zh

zhà
(炸 explode)

zhāi
(摘 pick; take off)

zhàn
(站 stand)

zhǐ
(纸 paper)

zhōng
(钟 clock)

zhuàng
(撞 bump against)

zhuī
(追 chase after)

zhuō(zi)
(桌〔子〕 table)

c

cā
(擦 wipe; rub)

cài
(菜 vegetable)

cǎo
(草 grass)

cì
(刺 stab; prick)

cōng
(葱 Chinese onion)

cuō
(搓 rub with hands)

ch

chī
(吃 eat)

chān
(搀 support sb. with one's hand)

chàng
(唱 sing)

cháo
(巢 nest)

chèng
(秤 balance; scale)

chóng(zi)
(虫〔子〕insect; worm)

chuán
(船 boat; ship)

chuáng
(床 bed)

chuī
(吹 blow; puff)

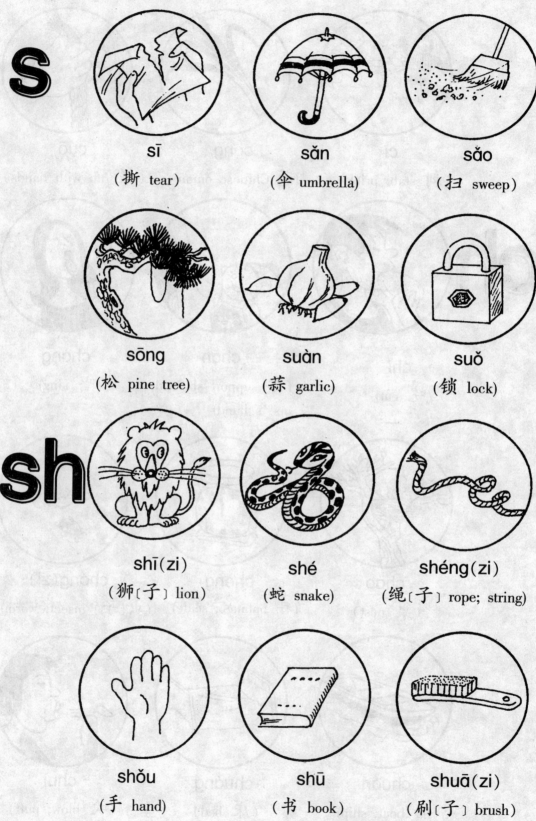

s

sī
(撕 tear)

săn
(伞 umbrella)

săo
(扫 sweep)

sōng
(松 pine tree)

suàn
(蒜 garlic)

suŏ
(锁 lock)

sh

shī(zi)
(狮〔子〕lion)

shé
(蛇 snake)

shéng(zi)
(绳〔子〕rope; string)

shŏu
(手 hand)

shū
(书 book)

shuā(zi)
(刷〔子〕brush)

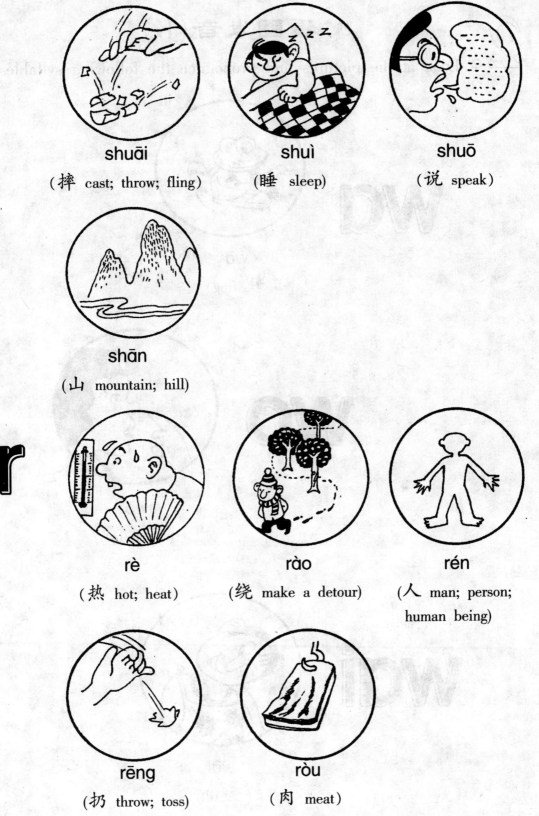

shuāi

（摔 cast; throw; fling）

shuì

（睡 sleep）

shuō

（说 speak）

shān

（山 mountain; hill）

r

rè

（热 hot; heat）

rào

（绕 make a detour）

rén

（人 man; person; human being）

rēng

（扔 throw; toss）

ròu

（肉 meat）

2. 看图发音 (B)

Look at the pictures and pronounce the following syllables

wa

wā

(蛙 frog)

wo

wǒ

(我 I; me)

wai

wāi

(歪 tilt)

wei

wèi

（胃　stomach）

wan

wǎn

(碗　bowl)

wen

wén

(闻　smell)

wěn

(吻　kiss)

wang

wǎng

(网　net)

3.

看图说话
Talk about the pictures
学武术

❖ 词语 Words and expressions ❖

1. 武术　　　wǔshù　　　martial arts
2. 懂　　　　dǒng　　　　understand
3. 认真　　　rènzhēn　　　conscientious; take seriously
4. 就　　　　jiù　　　　　then
5. 要　　　　yào　　　　　want; desire

❖ 问题 Questions ❖

1. 这两个人是谁？（图1）
2. 麦克学习什么？
3. 张老师是什么老师？
4. 谁来了？
5. 玛丽问张老师什么？（图2）
6. 张老师说什么？
7. 玛丽听懂了吗？
8. 张老师又说什么？（图3）

·35·

9. 玛丽也要学习武术吗？

10. 张老师说什么？

❖❖ **复述** Retell ❖❖

这 是 麦克，那 是 张 老师。麦克 学习 武术，很
Zhè shì Màikè, nà shì Zhāng lǎoshī. Màikè xuéxí wǔshù, hěn

认真。 张 老师 是 他 的 武术 老师。玛丽 来 了，她 问
rènzhēn. Zhāng lǎoshī shì tā de wǔshù lǎoshī. Mǎlì lái le, tā wèn

张 老师 学 武术 难 不 难。 张 老师 说："难，也 不
Zhāng lǎoshī xué wǔshù nán bu nán. Zhāng lǎoshī shuō: "Nán, yě bù

难。"玛丽 不 懂， 张 老师 说："不 认真 学 就 难，
nán." Mǎlì bù dǒng, Zhāng lǎoshī shuō: "Bú rènzhēn xué jiù nán,

认真 学 就 不 难。"玛丽 懂 了。她 说： "张 老师，我
rènzhēn xué jiù bù nán." Mǎlì dǒng le. Tā shuō: "Zhāng lǎoshī, wǒ

也 要 学习 武术，认真 学， 欢迎 吗?" 张 老师 说：
yě yào xuéxí wǔshù, rènzhēn xué, huānyíng ma?" Zhāng lǎoshī shuō:

"欢迎！ 欢迎！"
"Huānyíng! Huānyíng!"

4. 对话

Dialogue

玛丽：麦克，等 一会儿！ 你 开 车 去 哪儿？
Mǎlì: Màikè, děng yíhuìr! Nǐ kāi chē qù nǎr?

麦克：去 银行。
Màikè: Qù yínháng.

玛丽：我 也 去 银行。 我 坐 你 的 车 一起 去，
Mǎlì: Wǒ yě qù yínháng. Wǒ zuò nǐ de chē yìqǐ qù,

　　　好 吗?
　　　hǎo ma?

麦克：欢迎，　欢迎！　请　　上　车　吧。
Màikè：Huānyíng, huānyíng! Qǐng shàng chē ba.

玛丽：你　去　银行　做　什么？
Mǎlì：　Nǐ　qù　yínháng zuò shénme?

麦克：换　钱。
Màikè：Huàn qián.

玛丽：换　　什么　钱？
Mǎlì：　Huàn shénme qián?

麦克：美元　　换　英镑。　　你　呢？
Màikè：Měiyuán huàn yīngbàng.　Nǐ　ne?

玛丽：我　也　换　钱。
Mǎlì：　Wǒ　yě　huàn　qián.

麦克：换　　什么　钱？
Màikè：Huàn shénme qián?

玛丽：英镑　　换　美元。
Mǎlì：　Yīngbàng huàn měiyuán.

麦克：我们 不去 银行，回 学校 吧！
Màikè： Wǒmen bú qù yínháng, huí xuéxiào ba!

玛丽：回 学校？ 为 什么？
Mǎlì： Huí xuéxiào? Wèi shénme?

麦克：你的 英镑 给我，我的 美元 给你，
Màikè： Nǐ de yīngbàng gěi wǒ, wǒ de měiyuán gěi nǐ,

不 是 很 好 吗？
bú shì hěn hǎo ma?

❖ 词语 Words and expressions ❖

1. 开车	kāi chē	drive a car
2. 也	yě	also
3. 上车	shàng chē	get in a car
4. 做	zuò	do

· 38 ·

第四课

1. 这是什么？（A）

What is it?

米饭 mǐfàn	馒头 mántou	饺子 jiǎozi	包子 bāozi
面条儿 miàntiáor	花卷儿 huājuǎnr	汤 tāng	啤酒 píjiǔ

❖ 词语 Words and expressions ❖

1. 喜欢	xǐhuan	like
2. 好吃	hǎochī	good to eat; delicious
3. 好喝	hǎohē	good to drink; tasty
4. 为什么	wèi shénme	why
5. 有	yǒu	there be, have

❖ 问题 Questions ❖

1. 你去食堂吃饭吗？
2. 食堂里有什么？
3. 你喜欢吃什么？为什么？
4. 你不喜欢吃什么？为什么？
5. 你喜欢喝什么？为什么？
6. 你不喜欢喝什么？为什么？

2. 这是什么？(B)

What is it?

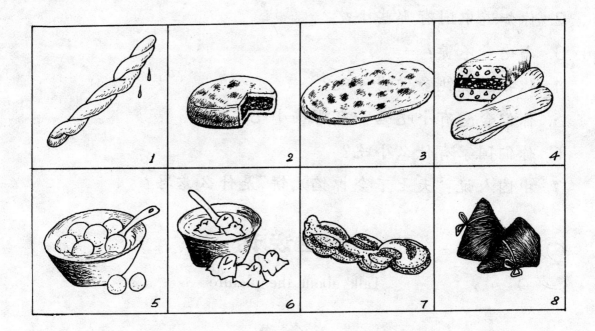

油条 yóutiáo	馅儿饼 xiànrbǐng	烙饼 làobǐng	年糕 niángāo
元宵(汤圆) yuánxiāo(tāngyuán)	馄饨 húntun	麻花儿 máhuār	粽子 zòngzi

❖❖ 词语 Word and expression ❖❖

1. 小吃　　　　　xiǎochī　　　　　snack

◆ 问题 Questions ◆

1. 你喜欢吃中国小吃吗？为什么？

2. 你知道中国有哪些小吃？

3. 小吃贵不贵？

4. 你知道馄饨多少钱一碗？

5. 你们食堂有小吃吗？有哪些小吃？

6. 你们国家有什么小吃？

7. 中国人说："天上不会掉馅儿饼"是什么意思？

3。 看图说话

Talk about the picture

在食堂

词语 Words and expressions

1. 鱼　　　　　　yú　　　　　　　　fish
2. 饿　　　　　　è　　　　　　　　　hungry
3. 外国　　　　　wàiguó　　　　　　forign country

问题 Questions

1. 他们是谁？
2. 他们都是外国留学生吗？
3. 他们在中国做什么？
4. 他们在食堂做什么？
5. 玛丽吃什么？
6. 玛丽常常吃鱼吗？为什么？
7. 麦克为什么吃很多东西？
8. 他吃什么东西？
9. 他为什么吃这些东西？
10. 玛丽喝什么？不喝什么？为什么？
11. 麦克喝什么？不喝什么？为什么？
12. 玛丽和麦克说什么？

复述 Retell

这 是 玛丽，那 是 麦克。他们 都 是 外国 留学生。
Zhè shì Mǎlì, nà shì Màikè. Tāmen dōu shì wàiguó liúxuéshēng.

他们 在 中国 学习 汉语。下 课 了，他们 去 食堂 吃
Tāmen zài Zhōngguó xuéxí Hànyǔ. Xià kè le, tāmen qù shítáng chī

饭。玛丽 吃了 一 碗 米饭、两 条 鱼。她 觉得 鱼 很 好
fàn. Mǎlì chīle yì wǎn mǐfàn、liǎng tiáo yú. Tā juéde yú hěn hǎo

吃，她 很 喜欢 吃鱼。她 常常 吃鱼。
chī, tā hěn xǐhuan chī yú. Tā chángcháng chī yú.

麦克 很 饿。他 吃了 很 多 很 多 东西。他 吃了 一 碗
Màikè hěn è. Tā chīle hěn duō hěn duō dōngxi. Tā chīle yì wǎn

面条儿、五 个 饺子、三 个 馒头 和 两 个 包子。他 很
miàntiáor、wǔ ge jiǎozi、sān ge mántou hé liǎng ge bāozi. Tā hěn

喜欢 吃 这些 东西。他 觉得 这些 东西 很 好吃。
xǐhuan chī zhèxiē dōngxi. Tā juéde zhèxiē dōngxi hěn hǎochī.

玛丽 不 喝 啤酒。她 不 喜欢 啤酒。她 觉得 啤酒 不 好
Mǎlì bù hē píjiǔ. Tā bù xǐhuan píjiǔ. Tā juéde píjiǔ bù hǎo

喝。她 喝 鸡蛋汤。她 觉得 鸡蛋汤 很 好喝。
hē. Tā hē jīdàntāng. Tā juéde jīdàntāng hěn hǎohē.

麦克 不 喝 鸡蛋汤。他 喝 啤酒。他 觉得 啤酒 很 好喝。
Màikè bù hē jīdàntāng. Tā hē píjiǔ. Tā juéde píjiǔ hěn hǎohē.

他 常常 喝 啤酒。
Tā chángcháng hē píjiǔ.

玛丽 和 麦克 说，他们 都 喜欢 吃 中国饭。
Mǎlì hé Màikè shuō, tāmen dōu xǐhuan chī Zhōngguófàn.

· 44 ·

4. 这是什么？(C)
What is this?

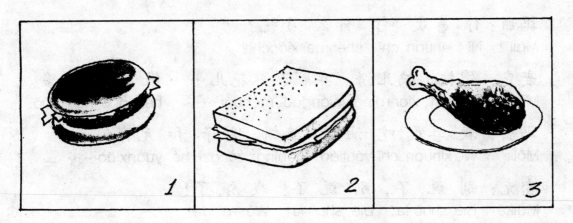

| 1 | 2 | 3 |

汉堡包　　　　　三明治　　　　　炸鸡腿
hànbǎobāo　　　sānmíngzhì　　　zhájītuǐ

5. 对话
Dialogue

玛丽：麦克，在 你们 国家，你 常常 吃 什么
Mǎlì: Màikè, zài nǐmen guójiā, nǐ chángcháng chī shénme

小吃？
xiǎochī?

麦克：我 常常 去 麦当劳 和 肯德基 吃 汉堡包、
Màikè: Wǒ chángcháng qù Màidāngláo hé Kěndéjī chī hànbǎobāo、

三明治 和 炸鸡腿。
sānmíngzhì hé zhájītuǐ.

玛丽：那，你来 中国 以后 喜欢 吃 中国 小吃 吗？
Mǎlì: Nà, nǐ lái Zhōngguó yǐhòu xǐhuan chī Zhōngguó xiǎochī ma?

麦克：很 喜欢。我 常常 去 小吃店 吃 小吃，
Màikè： Hěn xǐhuan. Wǒ chángcháng qù xiǎochīdiàn chī xiǎochī,

很 便宜，也 很 好吃。
hěn piányi, yě hěn hǎo chī.

玛丽：你 喜欢 吃 什么 小吃？
Mǎlì： Nǐ xǐhuan chī shénme xiǎochī?

麦克：馄饨、馅儿饼、年糕、麻花儿…… 很 多 很 多。
Màikè： Húntun、xiànrbǐng、niángāo、máhuār…… hěn duō hěn duō.

玛丽：我 喜欢 吃 油条、烙饼、粽子 和 元宵……
Mǎlì： Wǒ xǐhuan chī yóutiáo、làobǐng、zòngzi hé yuánxiāo……

麦克：别 说 了，别 说 了！我 饿 了！
Màikè： Bié shuō le, bié shuō le! Wǒ è le!

玛丽：那，咱们 去 小吃店 吃 元宵 吧！
Mǎlì： Nà, zánmen qù xiǎochīdiàn chī yuánxiāo ba!

麦克：我 不 吃 元宵，我 要 吃 汤圆。
Màikè： Wǒ bù chī yuánxiāo, wǒ yào chī tāngyuán.

玛丽：傻瓜，元宵 就 是 汤圆！
Mǎlì： Shǎguā, yuánxiāo jiù shì tāngyuán!

❖ 词语 Words and expressions ❖

1. 麦当劳	Màidāngláo	McDonald's
2. 肯德基	Kěndéjī	KFC
3. 傻瓜	shǎguā	fool
4. 咱们	zánmen	we

第五课

1.

这是什么?(A)

What is it?

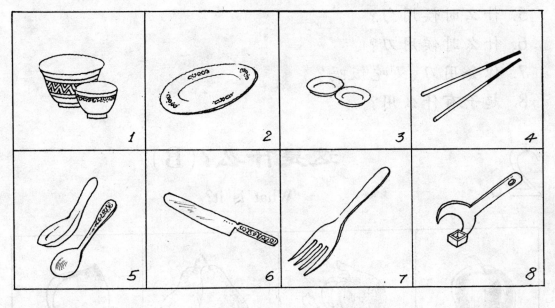

碗	盘子	碟子	筷子
wǎn	pánzi	diézi	kuàizi
勺	刀	叉	起子
sháo	dāo	chā	qǐzi

❖ 词语 Words and expressions ❖

1. 瓶盖儿   pínggàir   cover (of bottles)
2. 调料   tiáoliào   seasoning; flavouring

1. 你用什么吃米饭？
2. 什么时候用盘子？
3. 碟子常用来放什么？
4. 你会用筷子吗？
5. 什么时候用勺？
6. 什么时候用刀？
7. 你会用刀、叉吃饭吗？
8. 起子有什么用？

这是什么？(B)

What is it?

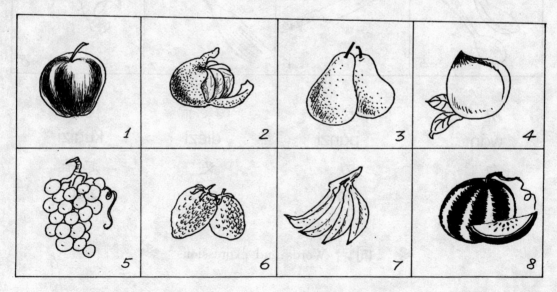

苹果	橘子	梨	桃
píngguǒ	júzi	lí	táo

葡萄	草莓	香蕉	西瓜
pútao	cǎoméi	xiāngjiāo	xīguā

❖ 词语 Words and expressions ❖

1. 甜　　　　tián　　　　sweet
2. 酸　　　　suān　　　　sour
3. 一点儿　　yìdiǎnr　　a little
4. 前　　　　qián　　　　before
5. 后　　　　hòu　　　　after

❖ 问题 Questions ❖

1. 你喜欢吃哪些水果？
2. 你不喜欢吃哪些水果？
3. 哪些水果是甜的？
4. 哪些水果有一点儿酸？
5. 哪些水果很酸？
6. 常吃水果好不好？
7. 你喜欢什么时候吃水果？饭前还是饭后？
8. 在一年里什么时候水果多，什么时候水果少？
9. 香蕉多少钱一斤？
10. 西瓜多少钱一斤？

3.

看图说话

Talk about the picture

买 水 果

❖ 词语 Words and expressions ❖

1.	水果店	shuǐguǒdiàn	fruit-store
2.	决定	juédìng	decide
3.	热情	rèqíng	warmth; enthusiasm
4.	想	xiǎng	want to; think
5.	买	mǎi	buy

❖ 问题 Questions ❖

1. 玛丽和麦克在哪儿？

2. 他们在做什么？

3. 这家水果店里的水果多不多？

4. 水果店里的售货员是男的还是女的？

5. 水果店里有哪些水果？

6. 这些水果贵不贵？多少钱一斤？

7. 玛丽在买什么水果？买几斤？一共多少钱？

8. 玛丽给售货员多少钱？

9. 售货员找她多少钱？

10. 麦克买水果了吗？

11. 他为什么还没买水果？

❖ 复述 Retell ❖

玛丽 和 麦克 在 水果店。他们 在 买 水果。这 家
Mǎlì hé Màikè zài shuǐguǒdiàn. Tāmen zài mǎi shuǐguǒ. Zhè jiā

水果店 的 售货员 是 女 的，她 很 热情。水果店 里
shuǐguǒdiàn de shòuhuòyuán shì nǚ de, tā hěn rèqíng. shuǐguǒdiàn li

的 水果 很 多，都 不 太 贵。苹果 两 块 四 一斤，
de shuǐguǒ hěn duō, dōu bú tài guì. Píngguǒ liǎng kuài sì yì jīn,

葡萄 两 块 五 一斤，橘子 一 块 八 一斤 草莓 三 块
pútao liǎng kuài wǔ yì jīn, júzi yí kuài bā yì jīn, cǎoméi sān kuài

一斤，香蕉 四 块 一斤，西瓜 很 便宜，一块 四 一斤，
yì jīn, xiāngjiāo sì kuài yì jīn, xīguā hěn piányi, yí kuài sì yì jīn,

梨 两 块 一斤，桃 两 块 二 一斤。玛丽 喜欢 吃
lí liǎng kuài yì jīn, táo liǎng kuài èr yì jīn. Mǎlì xǐhuan chī

香蕉 和 葡萄。她 买了 两 斤 香蕉 和 一斤 半 葡萄。
xiāngjiāo hé pútao. Tā mǎile liǎng jīn xiāngjiāo hé yì jīn bàn pútao.

两 斤 香蕉 是 八 块 钱，一斤 半 葡萄 是 三 块 七
Liǎng jīn xiāngjiāo shì bā kuài qián, yì jīn bàn pútao shì sān kuài qī

毛 五，一共 是 十一 块 七 毛 五。玛丽 给 售货员
máo wǔ, yígòng shì shíyī kuài qī máo wǔ. Mǎlì gěi shòuhuòyuán

十二 块，售货员 找 她 两 毛 五。
shí'èr kuài, shòuhuòyuán zhǎo tā liǎng máo wǔ.

麦克 要 买 什么 水果 呢？水果 太 多，他 不 知道
Màikè yào mǎi shénme shuǐguǒ ne? Shuǐguǒ tài duō, tā bù zhīdao

买 什么 水果。他 要 想 一会儿 再 决定。
mǎi shénme shuǐguǒ. Tā yào xiǎng yíhuìr zài juédìng.

4. 对话

Dialogue

玛丽： 麦克，你 想 不 想 吃 水果？那边儿 有 家
Mǎlì： Màikè, nǐ xiǎng bu xiǎng chī shuǐguǒ? Nàbianr yǒu jiā

水果店， 咱们 去 看看， 好 吗？
shuǐguǒdiàn, zánmen qù kànkan, hǎo ma?

麦克： 走，我 也 想 买 点儿 水果。
Màikè： Zǒu, wǒ yě xiǎng mǎi diǎnr shuǐguǒ.

玛丽： 你 看，这儿 的 水果 真 多，有 香蕉、葡萄、
Mǎlì： Nǐ kàn, zhèr de shuǐguǒ zhēn duō, yǒu xiāngjiāo、pútao、

草莓、 苹果……
cǎoméi、 píngguǒ……

麦克： 还 有 梨、桃、橘子 和 大西瓜。
Màikè： Hái yǒu lí、 táo、 júzi hé dàxīguā.

售货员： 这些 水果 都 是 新来 的，很 新鲜。
shòuhuòyuán： Zhèxiē shuǐguǒ dōu shì xīn lái de, hěn xīnxian.

二 位 要 点儿 什么？
Èr wèi yào diǎnr shénme?

玛丽： 给 我 来 一 斤 香蕉、一 斤 半 葡萄。
Mǎlì： Gěi wǒ lái yì jīn xiāngjiāo, yì jīn bàn pútao.

售货员： 这 把 香蕉 两 斤，行 不 行？
shòuhuòyuán： Zhè bǎ xiāngjiāo liǎng jīn, xíng bu xíng?

玛丽： 行， 一共 多少 钱？
Mǎlì： Xíng, yígòng duōshao qián?

售货员： 两 斤 香蕉 八 块，一 斤 半 葡萄 三 块
shòuhuòyuán： Liǎng jīn xiāngjiāo bā kuài, yì jīn bàn pútao sān kuài

七 毛 五，一 共 是 十一 块 七 毛 五。
qī máo wǔ, yígòng shì shíyī kuài qī máo wǔ.

玛丽：给 你 钱。
Mǎlì: Gěi nǐ qián.

售货员： 您 这 是 十二 块， 找 您 两 毛 五。请
shòuhuòyuán：Nín zhè shì shí'èr kuài, zhǎo nín liǎng máo wǔ. Qǐng

点 一 点。
diǎn yi diǎn.

麦克：这儿 的 水果 真 多。我 不 知道 买 什么 好 了。
Màikè: Zhèr de shuǐguǒ zhēn duō. Wǒ bù zhīdao mǎi shénme hǎo le.

我 要 想 一 想。
Wǒ yào xiǎng yi xiǎng.

玛丽：你 喜欢 吃 什么 水果 就 买 什么 水果，快
Mǎlì: Nǐ xǐhuan chī shénme shuǐguǒ jiù mǎi shénme shuǐguǒ, kuài

决定 吧！
juédìng ba!

麦克：这儿 的 水果 我 都 喜欢！ 怎么 办？
Màikè: Zhèr de shuǐguǒ wǒ dōu xǐhuan! Zěnme bàn?

◆◆ 词语 Words and expressions ◆◆

1. 新鲜   xīnxian   fresh
2. 把   bǎ   a measure word(for sth.
                        with a handle)
3. 真   zhēn   real; really
4. 快   kuài   fast; quick

第六课

1.

这是什么？(A)

What is it?

面巾纸 miànjīnzhǐ	手纸 shǒuzhǐ	杯子 bēizi	茶壶 cháhú
水壶 shuǐhú	暖壶 nuǎnhú	篮子 lánzi	牙签儿 yáqiānr

❖ 问题 Questions ❖

1. 你常常用面巾纸吗？

2. 厕所里有手纸吗？

3. 你有几个杯子？

4. 你用茶壶喝茶吗？

5. 你用水壶煮水吗？

6. 你有暖壶吗？
   新的还是旧的？

7. 你用篮子买菜吗？

8. 饭后你用不用牙签儿？

2. 这是什么？(B)

What is it?

桌子	椅子
zhuōzi	yǐzi

凳子
dèngzi

书桌
shūzhuō

沙发
shāfā

转椅
zhuànyǐ

摇椅
yáoyǐ

柜子
guìzi

❖ 问题 Questions ❖

1. 桌子上有什么？

2. 你宿舍里有几把椅子？

3. 你宿舍里有凳子吗？

4. 你宿舍里有几张书桌？

5. 你家有沙发吗？

6. 你喜欢转椅吗？

7. 你喜欢摇椅吗？

8. 柜子里放什么？

3. 看图说话

Talk about the pictures

买鸡蛋

1. 会　　　　huì　　　　　　can; be able to
2. 摇　　　　yáo　　　　　　shake
3. 从　　　　cóng　　　　　 from
4. 屁股　　　pìgu　　　　　　buttock
5. 后边儿　　hòubianr　　　　behind; in the rear
6. 动作　　　dòngzuò　　　　action

❖ 问题 Questions ❖

1. 麦克在哪儿？做什么？
2. 那位小姐是什么人？
3. 售货员问他什么？
4. 麦克怎么回答？
5. 麦克为什么这么回答？
6. 售货员想他要买什么？为什么这么想？
7. 她问麦克什么？
8. 麦克又做了个什么动作？
9. 售货员小姐懂麦克要买什么了吗？
10. 她的肚子为什么疼？

复述 Retell

麦克 去 商店 买 鸡蛋。 售货员 小姐 问 他 买
Màikè qù shāngdiàn mǎi jīdàn. Shòuhuòyuán xiǎojie wèn tā mǎi

什么。麦克 不会 用 汉语 说 鸡蛋,他 说:"我 买 ……
shénme. Màikè bú huì yòng Hànyǔ shuō jīdàn, tā shuō: "Wǒ mǎi ……

买 …… 咯咯咯,咯咯咯。" 售货员 看了 他 的 动作,
mǎi …… gegege, gegege." Shòuhuòyuán kànle tā de dòngzuò,

想:"这 个 外国人 不会 说 汉语,从 他 的 动作 看,
xiǎng: "Zhè ge wàiguórén bú huì shuō Hànyǔ, cóng tā de dòngzuò kàn,

他 想 买 鸡,"就 问:"您 要 买 鸡 吗?"麦克 摇摇 头,
tā xiǎng mǎi jī," jiù wèn: "Nín yào mǎi jī ma?" Màikè yáoyao tóu,

再 做 一 个 用 手 从 屁股 后边儿 拿 鸡蛋 的 动作,
zài zuò yí ge yòng shǒu cóng pìgu hòubianr ná jīdàn de dòngzuò,

说:"我 要 这 个!"
shuō: "Wǒ yào zhè ge!"

售货员 懂 了,她 的 肚子 也 笑疼 了。
Shòuhuòyuán dǒng le, tā de dùzi yě xiàoténg le.

4. 对话
Dialogue

玛丽: 麦克,你 有 事儿 吗?
Mǎlì: Màikè, nǐ yǒu shìr ma?

麦克: 没 事儿, 正 在 休息 呢。
Màikè: Méi shìr, zhèng zài xiūxi ne.

玛丽: 我 去 超市 买 东西,你 去 不 去?
Mǎlì: Wǒ qù chāo-shì mǎi dōngxi, nǐ qù bu qù?

麦克：对 了，我 也 要 去 超市 买 点儿 东西，咱们
Màikè: Duì le, wǒ yě yào qù chāo-shì mǎi diǎnr dōngxi, zánmen

　　　一起 去 吧。
　　　yìqǐ qù ba.

玛丽：你 去 买 什么？
Mǎlì: Nǐ qù mǎi shénme?

麦克：买 一 个 暖壶。
Màikè: Mǎi yí ge nuǎnhú.

玛丽：我 看见 你 宿舍 里 有 一 个 新 暖壶。
Mǎlì: Wǒ kànjiàn nǐ sùshè li yǒu yí ge xīn nuǎnhú.

麦克：那 不 是 我 的，是 我 同屋 的。你 去 买 什么？
Màikè: Nà bú shì wǒ de, shì wǒ tóngwū de. Nǐ qù mǎi shénme?

玛丽：我 要 买 很 多 东西：一 把 水壶、一 把 茶壶、
Mǎlì: Wǒ yào mǎi hěn duō dōngxi: yì bǎ shuǐhú、 yì bǎ cháhú、

　　　一 盒 面巾纸、一 卷 手纸……
　　　yì hé miànjīnzhǐ、 yì juǎn shǒuzhǐ……

麦克：手纸？ 上星期 我 看见 你 刚 买了十 卷
Màikè：Shǒuzhǐ? Shàngxīngqī wǒ kànjiàn nǐ gāng mǎile shí juǎn

手纸， 怎么 还 要 买？
shǒuzhǐ, zěnme hái yào mǎi?

玛丽：唉! 最近 我 在 拉 肚子 呢。
Mǎlì: Ai! Zuìjìn wǒ zài lā dùzi ne.

❖ 词语 Words and expressions ❖

1. 超级市场(超市)　　chāojí shìchǎng(chāo-shì)　　supermarket
2. 拉肚子　　　　　　lā dùzi　　　　　　　　　　suffer from diarrhoea; have loose bowels

第七课

1.

这是什么?

What is it?

笔记本
bǐjìběn

练习本
liànxíběn

纸
zhǐ

词典
cídiǎn

汉语课本
Hànyǔ kèběn

铅笔
qiānbǐ

钢笔
gāngbǐ

圆珠笔
yuánzhūbǐ

1. 记笔记　　　　jì bǐjì　　　　　　take notes
2. 查词典　　　　chá cídiǎn　　　　look up in the dictionary

◆ **问题** Questions ◆

1. 你有几个练习本？

2. 你有词典吗？什么词典？

3. 你会查词典吗？

4. 你的词典是在哪儿买的？多少钱？

5. 你有笔吗？什么笔？

6. 你一共有几支笔？

7. 你写信、做练习常用什么笔？

8. 上课的时候你记笔记吗？记在哪儿？

9. 你有纸吗？有几张？

10. 你有几本汉语课本？什么汉语课本？

这是什么动作?

What act is it?

踢	踩	抱	扔
tī	cǎi	bào	rēng
摔	敲	提	掉
shuāi	qiāo	tí	diào

❖❖ 词语 Words and expressions ❖❖

1. 足球   zúqiú

2. 公共汽车　　　gōnggòng qìchē

3. 脚　　　　　　jiǎo

4. 香蕉皮　　　　xiāngjiāopí

✦✦ 问题 Questions ✦✦

1. 你喜欢踢足球吗？

2. 在公共汽车上，你踩了别人的脚，应该对别人说什么？

3. 你喜欢抱小孩儿吗？

4. 吃完香蕉，香蕉皮应该扔在哪儿？

5. 你不高兴的时候摔东西吗？

6. 你提箱子的时候觉得放衣服的箱子重，还是放书的箱子重？

7. 进别人的房间要先做什么？

8. 树上有几个桃儿？一个桃儿掉在哪儿？

3.

看图说话

Talk about the pictures

玛丽的箱子

1.

2.

❖ 词语 Words and expressions ❖

1. 不小心　　　　bù xiǎoxīn　　　carelessness
2. 滑倒　　　　　huádǎo　　　　　slip and fall
3. 盖儿　　　　　gàir　　　　　　cover

❖ 问题 Questions ❖

1. 玛丽去邮局做什么？

2. 她提箱子去哪儿？

3. 她为什么不打的？

4. 这个箱子怎么样？

5. 她觉得累不累？为什么？

6. 她为什么滑倒？

7. 滑倒的时候箱子怎么了？

8. 箱子为什么很重？

9. 箱子里有什么东西？

❖ 复述 Retell ❖

玛丽 的 朋友 给 她 寄来 一 箱子 东西。她 从 邮局
Mǎlì de péngyou gěi tā jìlái yì xiāngzi dōngxi. Tā cóng yóujú

提了 箱子，准备 回 学校。邮局 离 学校 不 太 远，她
tíle xiāngzi, zhǔnbèi huí xuéxiào. Yóujú lí xuéxiào bú tài yuǎn, tā

不 打算 打 的，想 自己 提 箱子 回 学校。箱子 又 大
bù dǎsuan dǎ dī, xiǎng zìjǐ tí xiāngzi huí xuéxiào. Xiāngzi yòu dà

又 重，玛丽 提 这么 大、这么 重 的 箱子 觉得 又 累
yòu zhòng, Mǎlì tí zhème dà、zhème zhòng de xiāngzi juéde yòu lèi

又 渴。就 在 这个 时候，路 上 有 一 块 香蕉皮，她 没
yòu kě. Jiù zài zhè ge shíhou, lù shang yǒu yí kuài xiāngjiāopí, tā méi

看见，不 小心 踩 在 香蕉皮 上 滑倒 了。箱子 掉 在
kànjiàn, bù xiǎoxīn cǎi zài xiāngjiāopí shang huádǎo le. Xiāngzi diào zài

地 上，箱子 盖儿 也 打开 了。
dì shang, xiāngzi gàir yě dǎkāi le.

现在 我们 知道，玛丽 的 箱子 为 什么 那么 重 了。
Xiànzài wǒmen zhīdao, Mǎlì de xiāngzi wèi shénme nàme zhòng le.

箱子 里 有 很 多 东西：汉语 课本、词典、笔记本、
Xiāngzi li yǒu hěn duō dōngxi: Hànyǔ kèběn、cídiǎn、bǐjìběn、

练习本、杂志、纸、信封、伞、磁带 铅笔、钢笔、胶卷儿 和
liànxíběn、zázhì、zhǐ、xìnfēng、sǎn、cídài、qiānbǐ、gāngbǐ、jiāojuǎnr hé

照相机。
zhàoxiàngjī.

4. 对话
Dialogue

麦克：玛丽，你 怎么 了？
Màikè：Mǎlì，nǐ zěnme le?

玛丽：我 朋友 给我寄来一只 箱子。我 提了箱子 从
Mǎlì： Wǒ péngyou gěi wǒ jìlái yì zhī xiāngzi. Wǒ tíle xiāngzi cóng

邮局回 学校 的 时候 滑倒 了。
yóujú huí xuéxiào de shíhou huádǎo le.

麦克：怎么 滑倒 的？
Màikè：Zěnme huádǎo de?

玛丽：箱子 又大又 重， 不 小心 踩在 香蕉皮
Mǎlì： Xiāngzi yòu dà yòu zhòng， bù xiǎoxīn cǎi zài xiāngjiāopí

上 滑倒 的。
shang huádǎo de.

麦克：你为 什么 不 叫 我 跟 你一起去？
Màikè：Nǐ wèi shénme bú jiào wǒ gēn nǐ yìqǐ qù?

玛丽：我 没 想到 箱子 那么 重。
Mǎlì： Wǒ méi xiǎngdào xiāngzi nàme zhòng.

麦克：真 对不起！
Màikè：Zhēn duìbuqǐ!

玛丽：为 什么？
Mǎlì： Wèi shénme?

麦克：那 块 香蕉皮 是我 扔 的！
Màikè：Nà kuài xiāngjiāopí shì wǒ rēng de!

❖ 词语 Word and expression ❖

1. 没想到　　　　　méi xiǎngdào　　　　　unexpected

第八课

1.

这是什么?（A）

What is it?

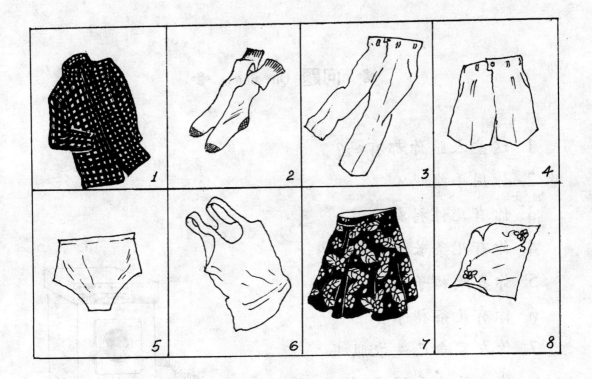

| 衬衫 | 袜子 | 长裤 | 短裤 |
| chènshān | wàzi | chángkù | duǎnkù |

| 裤衩儿 | 背心儿 | 裙子 | 手绢儿 |
| kùchǎr | bèixīnr | qúnzi | shǒujuànr |

❖ 词语 Words and expressions ❖

1. 洗衣机　　　xǐyījī　　　　washing machine
2. 洗衣店　　　xǐyīdiàn　　　laundry

❖ 问题 Questions ❖

1. 这些衣服你都有吗?
2. 你用手绢吗?
3. 你有几件衬衫?
4. 你有几条长裤和短裤?
5. 你喜欢裙子吗?
6. 你有几条裙子?
7. 你在家自己洗衣服吗?
8. 你自己洗手绢儿、袜子、背心儿和裤衩儿吗?
9. 洗衣服累不累?
10. 你去洗衣店洗衣服吗?

洗衣机
xǐyījī

2。 这是什么？(B)

What is it?

毛衣 máoyī	大衣 dàyī
羽绒服 yǔróngfú	西服 xīfú
中山装 zhōngshānzhuāng	旗袍 qípáo
夹克衫 jiákèshān	围巾 wéijīn

❖ 词语 Words and expressions ❖

1. 冬天   dōngtiān   winter
2. 来历   láilì   origin

❖ 问题 Questions ❖

1. 你有哪些衣服？

2. 你常常穿西服吗？

3. 穿西服一定要打领带吗？

4. 你喜欢中国旗袍吗？

5. 你喜欢中山装吗？

6. 什么时候穿毛衣？

7. 什么时候穿羽绒服？

8. 你知道北京冬天要穿什么？

领带
lǐngdài

3. 看图说话

Talk about the picture

玛丽洗衣服

词语 Words and expressions

1. 脏　　　　zāng　　　　dirty
2. 晾　　　　liàng　　　　dry in the air or the sun
3. 湿　　　　shī　　　　wet
4. 干　　　　gān　　　　dry
5. 胖　　　　pàng　　　　fat

问题 Questions

1. 今天学校为什么不上课？

2. 很多同学星期日做什么？

3. 玛丽休息了吗？为什么？

4. 她要洗多少衣服？

5. 玛丽洗衣服用了多少小时？

6. 这些衣服晾在哪儿？

7. 她洗了什么衣服？

8. 这些衣服洗干净了吗？

9. 今天湿衣服一会儿就会晾
   干吗？为什么？

绳子
shéngzi

太阳
tàiyang

❖ 复述 Retell ❖

今天 是 星期日， 学校 不 上 课， 很 多 同学 在
Jīntiān shì xīngqīrì, xuéxiào bú shàng kè, hěn duō tóngxué zài

宿舍 休息， 或者 去 公园 玩儿。玛丽 没 休息， 她 不
sùshè xiūxi, huòzhě qù gōngyuán wánr. Mǎlì méi xiūxi, tā bù

想 休息，她 要 洗 衣服。她 要 洗 一 个 星期 的 脏
xiǎng xiūxi, tā yào xǐ yīfu. Tā yào xǐ yí ge xīngqī de zāng

衣服。她 用了 一 个 半 小时， 洗了 很 多 衣服。宿舍
yīfu. Tā yòngle yí ge bàn xiǎoshí, xǐle hěn duō yīfu. Sùshè

外边儿 有 一 根 晾 衣服 的 绳子。她 的 衣服 都 晾 在
wàibianr yǒu yì gēn liàng yīfu de shéngzi. Tā de yīfu dōu liàng zài

这 根 绳子 上。有 一 件 衬衫、一 条 裤衩儿、一 件
zhè gēn shéngzi shang. Yǒu yí jiàn chènshān、yì tiáo kùchǎr、yí jiàn

背心儿、一 条 裙子、一 双 袜子、一 条 浅色 长裤、
bèixīnr、yì tiáo qúnzi、yì shuāng wàzi、yì tiáo qiǎnsè chángkù、

一 条 深色 短裤 和 一 块 手绢儿。
yì tiáo shēnsè duǎnkù hé yí kuài shǒujuànr.

现在 这些 衣服 都 很 干净。宿舍 外边儿 的 太阳 很
Xiànzài zhèxiē yīfu dōu hěn gānjìng. Sùshè wàibianr de tàiyang hěn

好，这些 湿 衣服 很 快 就 会 晾干 的。
hǎo, zhèxiē shī yīfu hěn kuài jiù huì liànggān de.

4. 对话

Dialogue

麦克：玛丽，你洗衣服了？
Màikè: Mǎlì, nǐ xǐ yīfu le?

玛丽：对。星期天 是我洗衣服的时间。
Mǎlì: Duì. Xīngqītiān shì wǒ xǐ yīfu de shíjiān.

麦克：你洗的衣服 真 多，可是……
Màikè: Nǐ xǐ de yīfu zhēn duō, kěshì……

玛丽：可是 什么？
Mǎlì: Kěshì shénme?

麦克：这些 是你的衣服吗？那么 瘦小，你能 穿 吗？
Màikè: Zhèxiē shì nǐ de yīfu ma? Nàme shòuxiǎo, nǐ néng chuān ma?

玛丽： 能 穿 呀！ 我 的 衣服 都 是 纯棉 的，下 水
Mǎlì: Néng chuān ya! Wǒ de yīfu dōu shì chúnmián de, xià shuǐ

以后 有 点儿 缩水， 不过 它们 的 弹力 很 好。
yǐhòu yǒu diǎnr suōshuǐ, búguò tāmen de tánlì hěn hǎo.

怎么？ 你 是 在 说 我 太 胖 了 吗？
Zěnme? Nǐ shì zài shuō wǒ tài pàng le ma?

麦克：不，不，不，我 不 是 那 个 意思！
Màikè: Bù, bù, bù, wǒ bú shì nà ge yìsi!

玛丽：你 的 衣服 是 自己 洗 的 吗？
Mǎlì: Nǐ de yīfu shì zìjǐ xǐ de ma?

麦克：是。你 看 我 穿 的 这 件 白 衬衫 是 昨天 刚
Màikè: Shì. Nǐ kàn wǒ chuān de zhè jiàn bái chènshān shì zuótiān gāng

洗 的。
xǐ de.

玛丽：白 衬衫？ 这 不 是 黑 的 花 衬衫 吗？
Mǎlì: Bái chènshān? Zhè bú shì hēi de huā chènshān ma?

麦克：唉！ 那 是 跟 我 的 一 条 黑 裤子 一起 洗，染花 的。
Màikè: Ai! Nà shì gēn wǒ de yì tiáo hēi kùzi yìqǐ xǐ, rǎnhuā de.

❖ 词语 Words and expressions ❖

1. 纯棉　　　　　chúnmián　　　　pure cotton
2. 缩水　　　　　suōshuǐ　　　　　shrink
3. 弹力　　　　　tánlì　　　　　　elastic
4. 花　　　　　　huā　　　　　　spotted; multicoloured
5. 染　　　　　　rǎn　　　　　　dye
6. 变成　　　　　biànchéng　　　　change into

第九课

1。 这是什么？(A)
What is it?

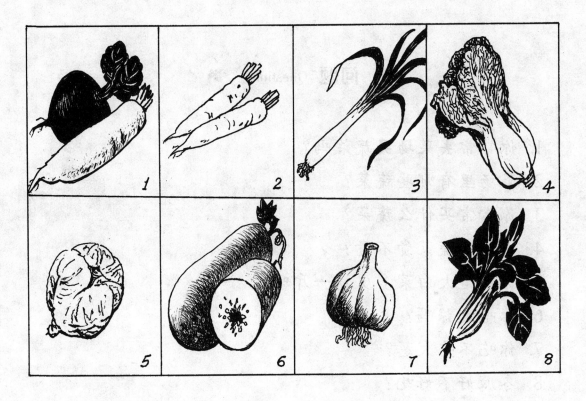

萝卜
luóbo

胡萝卜
húluóbo

大葱
dàcōng

大白菜
dàbáicài

圆白菜
yuánbáicài

冬瓜
dōngguā

大蒜
dàsuàn

菠菜
bōcài

1. 菜场　　　　càichǎng　　　　a market of farm produce
2. 蔬菜　　　　shūcài　　　　vegetables

◈ 问题 Questions ◈

1. 你常常去菜场买蔬菜吗？
2. 菜场里有哪些蔬菜？
3. 你常常买什么蔬菜？
4. 中国的蔬菜贵不贵？
5. 你知道大白菜多少钱一斤吗？
6. 你吃大蒜吗？
7. 你吃不吃大葱？
8. 冬瓜好不好吃？
9. 你喜欢大白菜还是圆白菜？
10. 你喜欢萝卜还是胡萝卜？

2. 这是什么？(B)

What is it?

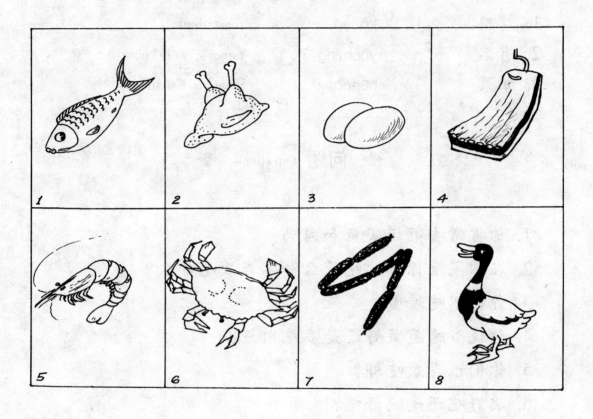

鱼 yú	鸡 jī	鸡蛋 jīdàn	肉 ròu
虾 xiā	螃蟹 pángxiè	香肠 xiāngcháng	鸭 yā

1. 烤鸭　　　　kǎoyā　　　　roast duck
2. 有名　　　　yǒumíng　　　famous; well-known
3. 荤菜　　　　hūncài　　　　meat or fish dishes

问题 Questions

1. 你常常去菜场买鱼和肉吗？
2. 在荤菜里你喜欢吃什么？不喜欢吃什么？
3. 你吃不吃螃蟹？
4. 你说多吃蔬菜好还是多吃肉好？
5. 你们谁喜欢吃虾？
6. 鸡好吃还是鸭好吃？
7. 北京烤鸭很有名吗？
8. 你喜欢北京烤鸭吗？
9. 你每天早上吃鸡蛋吗？
10. 鸡蛋多少钱一斤？

看图说话

Talk about the pictures

男友来访

❖ **词语** Words and expressions ❖

1. 邻居   línjū   neighbour

2. 客人   kèren   guest

3. 做饭   zuò fàn   cook

4. 忽然   hūrán   suddenly

5. 咚   dong   *an onomtope*, the sound of beating

                                        a drum, knocking at a door, etc.

6. 而且   érqiě   besides

7. 吻   wěn   kiss

1. 这位大姐叫什么？
2. 大家为什么叫她"胖姐"？
3. 今天胖姐为什么很高兴？
4. 她上街买了什么东西？
5. 这些东西都是谁爱吃的？
6. 她为什么买那么多吃的东西？
7. 邻居问她什么？为什么问？
8. 胖姐怎么回答？
9. 胖姐回家以后忙什么？
10. 她心里一直在想什么？
11. 忽然，她听见门外有什么声音？
12. 胖姐高兴极了，为什么？
13. 她为什么觉得男朋友来得太早？
14. 她高高兴兴地去开门，准备先给男朋友一个什么？
15. 她开开门，看见的是男朋友吗？

❖ 复述 Retell ❖

这 位 大姐 很 胖，大家 都 叫 她 "胖姐"。今天 胖姐
Zhè wèi dàjiě hěn pàng, dàjiā dōu jiào tā "Pàngjiě". Jīntiān Pàngjiě

很 高兴，因为 她 的 男 朋友 要 来 看 她。她 上 街
hěn gāoxìng, yīnwèi tā de nán péngyou yào lái kàn tā. Tā shàng jiē

买了 很 多 东西，都 是 男 朋友 爱 吃 的，有 一 条 鱼、
mǎile hěn duō dōngxi, dōu shì nán péngyou ài chī de, yǒu yì tiáo yú、

一只 鸡、一大 块 猪肉、很 多　香肠，　还有 蔬菜 和
yì zhī jī、 yí dà kuài zhūròu、hěn duō xiāngcháng, hái yǒu shūcài hé

水果。她 要 给 男　朋友　做 一 顿 很 好吃 的 晚饭。
shuǐguǒ. Tā yào gěi nán péngyou zuò yí dùn hěn hǎochī de wǎnfàn.

邻居 看见 她 买了 那么 多 菜 就 问："胖姐，今天 有
Línjū kànjiàn tā mǎile nàme duō cài jiù wèn: "Pàngjiě, jīntiān yǒu

客人 来 呀?"胖姐 大 声 回答："对，男　朋友　来 吃
kèren lái ya?" Pàngjiě dà shēng huídá: "Duì, nán péngyou lái chī

晚饭!"
wǎnfàn!"

回到 家，胖姐 就 洗菜、做饭，心里 一直 在 想 她
Huídào jiā, Pàngjiě jiù xǐ cài、zuò fàn, xīn li yìzhí zài xiǎng tā

的 男　朋友。
de nán péngyou.

忽然，她 听见 门 外 有 "咚 咚 咚" 的 声音，
Hūrán, tā tīngjiàn mén wài yǒu "dong dong dong" de shēngyin,

可能 有 人 敲 门。她 高兴 极 了，一定 是 她 的 男
kěnéng yǒu rén qiāo mén. Tā gāoxìng jí le, yídìng shì tā de nán

朋友 来 了。她 看了 看 手表，下午 三 点 刚 过，不
péngyou lái le. Tā kànle kàn shǒubiǎo, xiàwǔ sān diǎn gāng guò bú

是 吃 晚饭 的 时间，而且 晚饭 还 没 准备 好。他 来 得
shì chī wǎnfàn de shíjiān, érqiě wǎnfàn hái méi zhǔnbèi hǎo. Tā lái de

真 早!
zhēn zǎo!

她　高高兴兴　地去开门，准备　先给男　朋友 一
Tā gāogāo-xìngxìng de qù kāi mén, zhǔnbèi xiān gěi nán péngyou yí

个 甜甜 的 吻。没 想到 开开 门 看见 的 不 是 她 的
ge tiántián de wěn. Méi xiǎngdào kāikāi mén kànjiàn de bú shì tā de

男　朋友，是 邻居 家 的 小狗!
nán péngyou, shì línjū jiā de xiǎogǒu!

4. 对话

Dialogue

小狗：　汪 …… 汪 ……
Xiǎogǒu:　Wang …… wang ……

胖姐：　小狗，　你来做 什么？
Pàngjiě:　Xiǎogǒu,　nǐ lái zuò shénme?

小狗：　怎么？不 欢迎　吗？
Xiǎogǒu:　Zěnme?　Bù huānyíng ma?

胖姐：　欢迎，　欢迎！　你那么可爱，怎么 会不欢
Pàngjiě:　Huānyíng, huānyíng!　Nǐ nàme　kě'ài, zěnme huì bù huān-

迎　呢？
yíng ne?

小狗：　要是 真 欢迎，　就 应该 招待 招待 我 呀！
Xiǎogǒu:　Yàoshi zhēn huānyíng, jiù yīnggāi zhāodài zhāodài wǒ ya!

胖姐：　好 吧，请 喝 茶！
Pàngjiě:　Hǎo ba, qǐng hē chá!

小狗：　我们 狗 不 喝 茶。
Xiǎogǒu: Wǒmen gǒu bù hē chá.

胖姐：　你 要 吃 什么？
Pàngjiě:　Nǐ yào chī shénme?

小狗：　肉，香肠 也 行。
Xiǎogǒu: Ròu, xiāngcháng yě xíng.

胖姐：　你 怎么 知道 我 有 肉 和 香肠？
Pàngjiě:　Nǐ zěnme zhīdao wǒ yǒu ròu hé xiāngcháng?

小狗：　我 看见 你 买了 一 篮子 好吃 的 东西。
Xiǎogǒu: Wǒ kànjiàn nǐ mǎile yì lánzi hǎochī de dōngxi.

胖姐：　那 是 给 我 男 朋友 准备 的。
Pàngjiě:　Nà shì gěi wǒ nán péngyou zhǔnbèi de.

小狗：　你 请 他 喝茶，请 我 吃 肉 和 香肠 吧！
Xiǎogǒu: Nǐ qǐng tā hē chá, qǐng wǒ chī ròu hé xiāngcháng ba!

❖ 词语 Words and expressions ❖

1. 招待　　　　zhāodài　　　　　　　entertain
2. 可爱　　　　kě'ài　　　　　　　　lovely

第十一课

1. 这是什么动作?

What act is it?

走	跑	跳	爬
zǒu	pǎo	tiào	pá

拿	抓	握	提
ná	zhuā	wò	tí

1. 动物　　　　　dòngwù　　　　　animal
2. 十二生肖　　　shí'èr　shēngxiào　　twelve animals symbolizing
　　　　　　　　　　　　　　　　　the year in which a person
　　　　　　　　　　　　　　　　　was born
3. 表示　　　　　biǎoshì　　　　　express; show; indicate

❖ 问题 Questions ❖

1. 从教室到宿舍要走多长时间？

2. 十二生肖里哪些动物跑得快？

3. 十二生肖里哪种动物会爬树？

4. 你能跳多高？

5. 吃饭的时候你用哪只手拿筷子？

6. 哪些国家的人吃饭用手抓？

7. 跟别人握手表示什么？

8. 你身边哪些东西可以提？

2. 这是什么?

What is it?

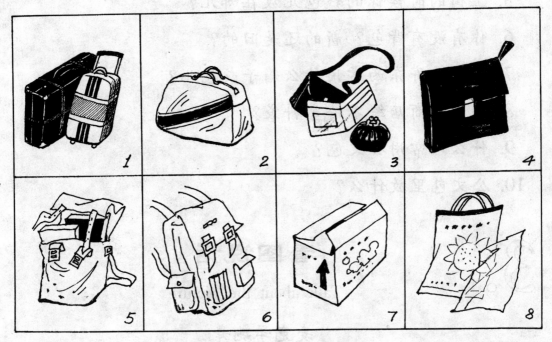

箱子 xiāngzi	旅行袋 lǔxíngdài	钱包儿 qiánbāor	公文包 gōngwénbāo
书包 shūbāo	背包 bèibāo	纸箱 zhǐxiāng	塑料袋 sùliàodài

❖ 词语 Words and expressions ❖

1. 带   dài   bring with

❖ 问题 Questions ❖

1. 你来中国的时候带了几个箱子几个包儿?

2. 你的书包重不重?为什么?

3. 旅行的时候你喜欢用什么包儿？

4. 旅行的时候你常常带哪些东西？

5. 上街的时候你的钱包儿放在哪儿？

6. 你有没有背包？新的还是旧的？

7. 在邮局寄东西常用什么箱子或包儿？

8. 买东西商店给不给塑料袋？

9. 什么人常用公文包？

10. 公文包里放什么？

3. 看图说话

Talk about the picture

麦克学跳舞

1. 但是　　　　　dànshì　　　　　　but
2. 同意　　　　　tóngyì　　　　　　agree
3. 只要　　　　　zhǐyào　　　　　　so long as
4. 受不了　　　　shòu bu liǎo　　　cannot bear

❖ 问题 Questions ❖

1. 玛丽喜欢跳舞吗?

2. 她跳舞跳得怎么样?

3. 麦克会跳舞吗?

4. 麦克对跳舞感兴趣吗?

5. 他想请谁教他跳舞?

6. 麦克为什么对跳舞感兴趣?

7. 玛丽同意教麦克跳舞吗?

8. 玛丽说怎样才能很快学会跳舞?

9. 他们跳舞的时候有音乐吗?

10. 玛丽教得认真吗?

11. 麦克学得努力吗?

12. 玛丽认为学跳舞难不难?

13. 玛丽为什么有点儿受不了?

14. 玛丽说什么?

❖ 复述 Retell ❖

玛丽 很 喜欢 跳舞。跳 舞 是 她 的 业余 爱好。她 跳
Mǎlì hěn xǐhuan tiào wǔ. Tiào wǔ shì tā de yèyú àihào. Tā tiào

舞 跳 得 非常 好;麦克 不 会 跳 舞,但是 在 认识 玛丽
wǔ tiào de fēicháng hǎo; Màikè bú huì tiào wǔ, dànshì zài rènshi Mǎlì

以后,他 对 跳 舞 也 开始 有 了 兴趣。他 想 请 玛丽 教
yǐhòu, tā duì tiào wǔ yě kāishǐ yǒule xìngqu. Tā xiǎng qǐng Mǎlì jiāo

他 跳 舞。玛丽 问 他 为 什么 要 学 跳 舞,他 说 下 课
tā tiào wǔ. Mǎlì wèn tā wèi shénme yào xué tiào wǔ, tā shuō xià kè

以后 同学们 在 一起 聊聊 天、听听 音乐、跳跳 舞,
yǐhòu tóngxuémen zài yìqǐ liáoliao tiān、tīngting yīnyuè、tiàotiao wǔ,

心情 很 愉快。再说, 跳 舞 也 是 一 种 运动,
xīnqíng hěn yúkuài. Zàishuō, tiào wǔ yě shì yì zhǒng yùndòng,

常常 跳 舞 的 人 身体 一定 很 好。玛丽 高兴 地
chángcháng tiào wǔ de rén shēntǐ yídìng hěn hǎo. Mǎlì gāoxìng de

同意 了。她 对 麦克 说:"学 跳 舞 一点儿 也 不 难。只要
tóngyì le. Tā duì Màikè shuō: "Xué tiào wǔ yìdiǎnr yě bù nán. Zhǐyào

你 认真 学,坚持 学,很 快 就 能 学会 的。"
nǐ rènzhēn xué, jiānchí xué, hěn kuài jiù néng xuéhuì de."

学 跳 舞 的 第一 天, 在 录音机 里 的 音乐 声 中,
Xué tiào wǔ de dì-yī tiān, zài lùyīnjī li de yīnyuè shēng zhōng,

玛丽 开始 教 麦克 跳 舞。玛丽 教 得 很 认真,麦克 学
Mǎlì kāishǐ jiāo Màikè tiào wǔ. Mǎlì jiāo de hěn rènzhēn, Màikè xué

得 也 很 努力,只是 麦克 常常 踩 玛丽 的 脚,踩 得
de yě hěn nǔlì, zhǐshì màikè chángcháng cǎi Mǎlì de jiǎo, cǎi de

很 疼,玛丽 有 点儿 受 不 了,说:"今天 就 学 到 这儿
hěn téng, Mǎlì yǒu diǎnr shòu bu liǎo, shuō: "Jīntiān jiù xué dào zhèr

吧。我 要 去 医院 请 大夫 给 我 看看 脚 了!"
ba. Wǒ yào qù yīyuàn qǐng dàifu gěi wǒ kànkan jiǎo le!"

4. 对话

Dialogue

麦克： 玛丽，听说 你 跳舞 跳 得 不错，是 真 的 吗？
Màikè： Mǎlì， tīng shuō nǐ tiào wǔ tiào de búcuò, shì zhēn de ma?

玛丽： 那 还 能 假？跳舞 是 我 的 业余 爱好，我 从小
Mǎlì： Nà hái néng jiǎ? Tiào wǔ shì wǒ de yèyú àihào, wǒ cóngxiǎo

就 喜欢 跳舞。
jiù xǐhuan tiào wǔ.

麦克： 我 对 跳 舞 也 很 感 兴趣，可是 不 会。你 能
Màikè： Wǒ duì tiào wǔ yě hěn gǎn xìngqu, kěshì bú huì. Nǐ néng

教 我 吗？
jiāo wǒ ma?

玛丽： 好 啊！我 当 你 的 老师。你 先 说说，你 为 什么
Mǎlì： Hǎo a! Wǒ dāng nǐ de lǎoshī. Nǐ xiān shuōshuo, nǐ wèi shénme

要 学 跳舞？
yào xué tiào wǔ?

麦克： 最近 我 常常 失眠，头 疼，听 说 跳 舞
Màikè： Zuìjìn wǒ chángcháng shī mián, tóu téng, tīng shuō tiào wǔ

能 帮助 我 睡 好 觉。
néng bāngzhù wǒ shuì hǎo jiào.

玛丽： 还 有 呢？
Mǎlì： Hái yǒu ne?

麦克： 跳 舞 可以 交 朋友。
Màikè： Tiào wǔ kěyǐ jiāo péngyou.

玛丽： 交 什么 朋友？女 朋友 吗？
Mǎlì： Jiāo shénme péngyou? Nǚ péngyou ma?

麦克： 玛丽，你 真 是 最 理解 我 的 人 呀！
Màikè： Mǎlì， nǐ zhēn shì zuì lǐjiě wǒ de rén ya!

❖ 词语 Words and expressions ❖

1. 假　　　　　　jiǎ　　　　　　　　false
2. 从小　　　　　cóngxiǎo　　　　　from childhood
3. 可是　　　　　kěshì　　　　　　　but
4. 失眠　　　　　shī mián　　　　　suffer from insomnia
5. 理解　　　　　lǐjiě　　　　　　　understand
6. 对……感兴趣　duì……gǎn xìngqu　interested in

第十一课

1.

这是什么?

What is it?

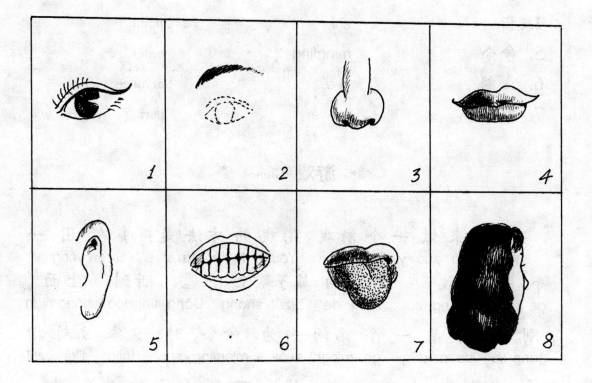

眼睛 yǎnjing	眉毛 méimao	鼻子 bízi	嘴 zuǐ
耳朵 ěrduo	牙齿 yáchǐ	舌头 shétou	头发 tóufa

❖ 词语 Words and expressions ❖

1. 游戏　　　　　　yóuxì　　　　　game
2. 方法　　　　　　fāngfǎ　　　　　way
3. 手指　　　　　　shǒuzhǐ　　　　finger
4. 指　　　　　　　zhǐ　　　　　　point
5. 命令　　　　　　mìnglìng　　　　order
6. 立刻　　　　　　lìkè　　　　　　at once
7. 部位　　　　　　bùwèi　　　　　part

❖ 游戏 Game ❖

我们 来 做 一个 游戏。游戏 的 方法 是：每人 用 一
Wǒmen lái zuò yí ge yóuxì. Yóuxì de fāngfǎ shì: Měi rén yòng yí

个 手指 放 在 自己 的 鼻子 上。 当 听到 上面
ge shǒuzhǐ fàng zài zìjǐ de bízi shang. Dāng tīngdào shàngmian

刚 学 的 某 一个 名词 作为 命令 时，大家 立刻 指
gāng xué de mǒu yí ge míngcí zuòwéi mìnglìng shí, dàjiā lìkè zhǐ

向 自己 的 相应 部位，然后 回 到 自己 的 鼻子 上，
xiàng zìjǐ de xiāngyìng bùwèi, ránhòu huí dào zìjǐ de bízi shang,

等 下 一个 命令。
děng xià yí ge mìnglìng.

Let's play a game. The way of playing the game is as follows: put a
finger on your nose; after hearing a certain word we have just learnt, point to
the part which the word indicates with the finger at once; and then put back
the finger to your nose again and wait for the next order.

2. 这是什么动作?

What act is it?

站	坐	蹲	跪
zhàn	zuò	dūn	guì
趴	躺	靠	吊
pā	tǎng	kào	diào

❖ 词语 Word and expression ❖

1. 祈祷　　　　　qídǎo　　　　　　　pray

❖ 问题 Questions ❖

1. 上课的时候老师站在哪儿?
2. 谁坐在你的旁边儿?
3. 照相的时候站在前面个子高的同学应该怎么样?
4. 祈祷的人在祈祷的时候要不要跪下?

5. 你有没有趴在床上睡觉的习惯？

6. 你习惯躺在床上看书吗？

7. 图7里的那个人在做什么？

8. 什么动物喜欢吊在树上？

3.

看图说话

Talk about the pictures

欺软怕硬

1. 欺软怕硬　qī ruǎn pà yìng　bully the weak and fear the strong
2. 害怕　hàipà　be afraid; be scared
3. 凶　xiōng　fierce
4. 吓　xià　frighten; scare
5. 逃走　táozǒu　run away; escape
6. 看我的　kàn wǒ de　let me try; see what I can do
7. 可怕　kěpà　fearful
8. 更　gèng　more; still more

❖ 问题 Questions ❖

1. 玛丽和麦克在做什么？

2. 他们的后边跑来一只什么动物？

3. 玛丽为什么害怕？

4. 麦克怕不怕？

5. 他对玛丽说什么？

6. 麦克趴在地上做什么？

7. 小狗为什么逃走了？

8. 玛丽知道了什么？

❖ 复述 Retell ❖

一天　晚上，麦克和玛丽 吃完 晚饭 在 街 上　散
Yì tiān wǎnshang, Màikè hé Mǎlì chīwán wǎnfàn zài jiē shang sàn

步、聊 天，心情 很 愉快。忽然 一 只 小狗 从　后面
bù、liáo tiān, xīnqíng hěn yúkuài. Hūrán yì zhī xiǎogǒu cóng hòumian

跑来，对 他们 不 停 地 叫，声音 很 大，样子 很　凶，
pǎolái, duì tāmen bù tíng de jiào, shēngyīn hěn dà, yàngzi hěn xiōng,

玛丽 很 害怕。
Mǎlì hěn hàipà.

麦克 笑了 笑，对 玛丽 说："别 害怕，看 我 的！"
Màikè xiàole xiào, duì Mǎlì shuō: "Bié hàipà, kàn wǒ de!"

说完 也 趴在 地 上，对 小狗 "汪汪" 地 大 叫 起
Shuōwán yě pā zài dì shang, duì xiǎogǒu "wangwang" de dà jiào qǐ

来。小狗 觉得 麦克 叫 的 声音 更 大，样子 也 更
lai. Xiǎogǒu juéde Màikè jiào de shēngyīn gèng dà, yàngzi yě gèng

凶，不 知道 遇见了 什么 可怕 的 动物，就 吓 得 逃走
xiōng, bù zhīdao yùjiànle shénme kěpà de dòngwù, jiù xià de táozǒu

了。
le.

玛丽 笑 了。她 说："我 知道 了，小狗 也 是 欺 软
Mǎlì xiào le. Tā shuō: "Wǒ zhīdao le, xiǎogǒu yě shì qī ruǎn

怕 硬 的 啊！"
pà yìng de a!"

4. 对话
Dialogue

麦克：玛丽，没 想到 你 那么 怕 狗。
Màikè：Mǎlì, méi xiǎngdào nǐ nàme pà gǒu.

玛丽：我 不 喜欢 狗，喜欢 猫。
Mǎlì：Wǒ bù xǐhuan gǒu, xǐhuan māo.

麦克：狗 是 我们 人 的 好 朋友，它 能 帮助 人 做 很
Màikè：Gǒu shì wǒmen rén de hǎo péngyou, tā néng bāngzhù rén zuò hěn

多 工作。
duō gōngzuò.

玛丽：猫 很 可爱，它 能 给 我们 带来 快乐。
Mǎlì：Māo hěn kě'ài, tā néng gěi wǒmen dàilái kuàilè.

麦克：猫 不 懂 什么 叫 感谢。你 喂 它 鱼，它 觉得 这
Màikè：Māo bù dǒng shénme jiào gǎnxiè. Nǐ wèi tā yú, tā juéde zhè

是 应该 的，因为 你 是 它 的 主人。
shì yīnggāi de, yīnwèi nǐ shì tā de zhǔrén.

玛丽：狗 呢？
Mǎlì：Gǒu ne?

麦克：狗 跟 猫 不 一样。你 喂
Màikè：Gǒu gēn māo bù yíyàng. Nǐ wèi

它 一 块 骨头，它 觉得 自己
tā yí kuài gǔtou, tā juéde zìjǐ

很 幸运，因为 它 觉得 自己
hěn xìngyùn, yīnwèi tā juéde zìjǐ

有 一 个 好 主人。
yǒu yí ge hǎo zhǔrén.

玛丽：你 不 是 狗，狗 在 想 什么，
Mǎlì：Nǐ bú shì gǒu, gǒu zài xiǎng shénme,

你 怎么 会 知道 的 呢?
nǐ zěnme huì zhīdao de ne?

麦克: 你 不 是 我, 你 怎么 知道
Màikè: Nǐ bú shì wǒ, nǐ zěnme zhīdao

我 不 会 知道 狗 在 想
wǒ bú huì zhīdao gǒu zài xiǎng

什么 呢?
shénme ne?

❖ 词语 Words and expressions ❖

1. 猫   māo   cat
2. 喂   wèi   feed
3. 主人   zhǔrén   master
4. 幸运   xìngyùn   good luck

第十二课

1. 这是什么?

What is it?

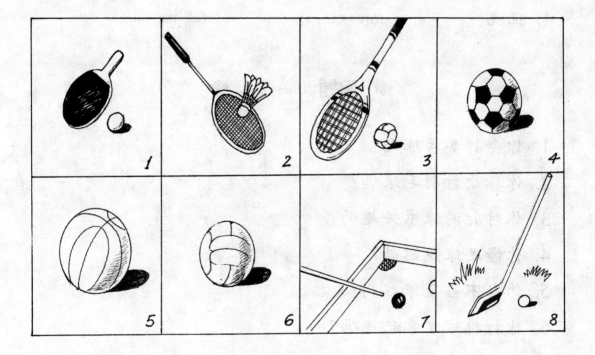

乒乓球 pīngpāngqiú	羽毛球 yǔmáoqiú	网球 wǎngqiú	足球 zúqiú
篮球 lánqiú	排球 páiqiú	台球 táiqiú	高尔夫球 gāo'ěrfūqiú

词语 Words and expressions

1. 规则　　　　guīzé　　　　　　rule; regulation
2. 裁判员　　　cáipànyuán　　　referee
3. 球迷　　　　qiúmí　　　　　　(ball game) fan
4. 犯规　　　　fàn guī　　　　　break the rules

问题 Questions

1. 你会打乒乓球吗？

2. 你喜欢打羽毛球吗？

3. 你对打网球感兴趣吗？

4. 你懂足球规则吗？

5. 你当不当篮球裁判？

6. 你打排球常常犯规吗？

7. 你是台球迷吗？

8. 你会打高尔夫球吗？

2. 这是什么动作?

What act is it?

倒	倒	飞	举
dào	dǎo	fēi	jǔ
砍	磕	撞	滚
kǎn	kē	zhuàng	gǔn

❖ 问题 Questions ❖

1. 客人来了,你给他倒什么?
2. 图 2 中的这位先生怎么了?
3. 图 3 中的小鸟在做什么?
4. 在课堂上提问应该先做什么?
5. 图 5 在砍什么?
6. 图 6 中的这位先生怎么了?
7. 图 7 中的两辆汽车怎么了?
8. 图 8 中的足球怎么了?

3. 看图说话

Talk about the pictures

踢足球

词语 Words and expressions

1.	射门	shè mén	shoot at the goal
2.	守门员	shǒuményuán	goalkeeper
3.	三分之一	sān fēn zhī yī	one third; 1/3
4.	挡	dǎng	keep off; block
5.	张开胳膊	zhāngkāi gēbo	open one's arms
6.	紧张	jǐnzhāng	nervous
7.	松	sōng	loose

问题 Questions

1. 麦克喜欢什么运动？

2. 一天下午下课以后,他打算做什么？

3. 他想请谁来当守门员？

4. 他为什么要请玛丽当守门员？

5. 麦克去请玛丽,玛丽怎么样？

6. 他们一起来到哪儿？

7. 玛丽站在哪儿？

8. 玛丽准备好了吗？

9. 玛丽紧张吗？

10. 麦克射门的时候,玛丽做什么？

11. 玛丽抱住的是足球吗？为什么？

12. 足球呢？

❖ 复述 Retell ❖

麦克 很 喜欢 踢 足球。一 天 下午 下 课 以后，他 换
Màikè hěn xǐhuan tī zúqiú. Yì tiān xiàwǔ xià kè yǐhòu, tā huàn

上了 球衣、球裤，打算 去 操场 练习 射 门，可是 谁
shangle qiúyī、qiúkù, dǎsuan qù cāochǎng liànxí shè mén, kěshì shuí

来 当 守门员 呢？他 想到了 玛丽。他 觉得 玛丽 当
lái dāng shǒuményuán ne? Tā xiǎngdàole Mǎlì. Tā juéde Mǎlì dāng

守门员 很 合适，她 很 胖，站 在 球门 前面，差
shǒuményuán hěn héshì, tā hěn pàng, zhàn zài qiúmén qiánmian, chà

不多 三 分 之 一 的 球门 就 挡住 了。麦克 去 请
bu duō sān fēn zhī yī de qiúmén jiù dǎngzhù le. Màikè qù qǐng

玛丽，玛丽 很 高兴。
Mǎlì, Mǎlì hěn gāoxìng.

他们 一起 来到 足球场。玛丽 站 在 球门 前面，
Tāmen yìqǐ láidào zúqiúchǎng. Mǎlì zhàn zài qiúmén qiánmian,

麦克 问 玛丽 准备 好了 吗，玛丽 虽然 有点儿 紧张，
Màikè wèn Mǎlì zhǔnbèi hǎole ma, Mǎlì suīrán yǒudiǎnr jǐnzhāng,

但是 还是 张开 两 条 胳膊大 声 说："好 了！"
dànshì háishì zhāngkāi liǎng tiáo gēbo dà shēng shuō:"Hǎo le!"

麦克 开始 射 门。"咚……"，球 向 玛丽飞去，同时
Màikè kāishǐ shè mén. "Dōng……", qiú xiàng Mǎlì fēi qù, tóngshí

麦克 的 鞋带儿 松 了，鞋 也 向 玛丽 飞 去。玛丽
màikè de xiédàir sōng le, xié yě xiàng Mǎlì fēi qù. Mǎlì

马上 跳起来，举起 双手 抱住飞来的"足球"。她
mǎshàng tiào qi lai, jǔqǐ shuāngshǒu bàozhù fēi lái de "zúqiú". Tā

抱住 的 是足球 吗？不，是 麦克 的 一 只 鞋，足球 早 就
bàozhù de shì zúqiú ma? Bù, shì màikè de yì zhī xié, zúqiú zǎo jiù

滚进了 球门。
gǔnjìnle qiúmén.

4. 对话

Dialogue

玛丽：麦克，你 真 差劲儿！ 你 踢 的 这 叫 什么 球？
Mǎlì: Màikè, nǐ zhēn chàjìnr! Nǐ tī de zhè jiào shénme qiú?

麦克：哈，哈！ 中国 有 三十六 计。这 叫 调虎 离山 计。
Màikè: Ha, ha! Zhōngguó yǒu sānshíliù jì. Zhè jiào diào hǔ lí shān jì.

玛丽：你 还 乐 呢！ 踢球 以前 你 应该 先 系好 鞋带儿！
Mǎlì: Nǐ hái lè ne! Tī qiú yǐqián nǐ yīnggāi xiān jìhǎo xiédàir!

麦克：你 是 守门员， 眼睛 要 盯着 足球 才 对。
Màikè: Nǐ shì shǒuményuán, yǎnjing yào dīngzhe zúqiú cái duì.

玛丽：你 是 "射门员"， 踢 的 是 足球，不 是 鞋！
Mǎlì: Nǐ shì "shèményuán", tī de shì zúqiú, bú shì xié!

麦克：不管　怎么　说，我　的　球　进　了。我　赢　了！一
Màikè: Bùguǎn zěnme shuō, wǒ de qiú jìn le. Wǒ yíng le! Yī

比　〇，哈，哈！
bǐ líng, ha, ha!

玛丽：你　这　叫　犯规，懂　不　懂？不　信，咱们　找　个
Mǎlì: Nǐ zhè jiào fàn guī, dǒng bu dǒng? Bú xìn, zánmen zhǎo ge

裁判　问问，这　种　情况　应该　怎么　判。
cáipàn wènwen, zhè zhǒng qíngkuàng yīnggāi zěnme pàn.

❖ 词语 Words and expressions ❖

1. 真差劲儿 zhēn chàjìnr no good; too bad
2. 计 jì scheme; stratagem
3. 调虎离山 diào hǔ lí shān lure the tiger out of the mountains
4. 系 jì fasten; tie
5. 盯 dīng fix one's eyes on; stare at
6. 不管怎么说 bùguǎn zěnme shuō no matter what you said

第十三课

1.

这是什么?

What is it?

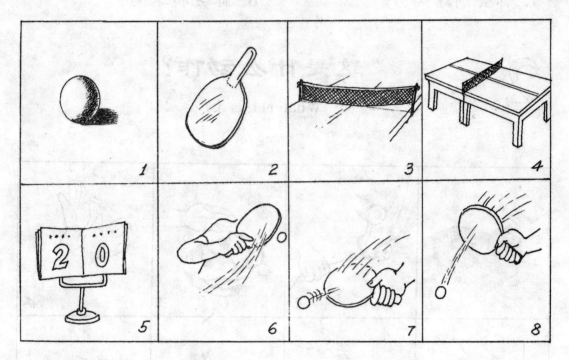

乒乓球 pīngpāngqiú	球拍 qiúpāi	球网 qiúwǎng	球桌 qiúzhuō
记分牌 jìfēnpái	抽球 chōu qiú	削球 xiāo qiú	扣球 kòu qiú

❖ 词语 Word and expression ❖

比分　　　　　　　　bǐfēn　　　　　　　　score

1. 你会打乒乓球吗?
2. 你有球拍吗?
3. 乒乓球桌在哪儿?
4. 球网在球桌的什么地方?
5. 记分牌上的比分是多少?
6. 你会抽球吗?
7. 你会削球吗?
8. 你会扣球吗?

2。 这是什么动作?

What act is it?

推	拉	摸	拍
tuī	lā	mō	pāi

捏	夹	擦	拧
niē	jiā	cā	nǐng

❖ 练习 Exercise ❖

请　用　上面　　刚　学过　的　每一个　动词　说
Qǐng yòng shàngmian gāng xuéguo de měi yí ge dòngcí shuō

一　句　话，同时　做　一个　相应　的　动作。
yí jù huà, tóngshí zuò yí ge xiāngyìng de dòngzuò.

　　Please say a sentence with one of the verbs we have just learnt and meanwhile perform a relevant act.

3. 看图说话

Talk about the pictures

打乒乓球

❖ 词语 Words and expressions ❖

1.	拿手	náshǒu	be good at
2.	技术	jìshù	skill; technology
3.	使劲儿	shǐ jìnr	exert all one's strength
4.	额头	étóu	forehead
5.	结束	jiéshù	finish
6.	起包儿	qǐ bāor	get a bump; have a swelling

❖ 问题 Questions ❖

1. 来中国以后,麦克爱上了什么球?

2. 同学们都说他是什么迷?

3. 他常常对别人说什么?

4. 玛丽为什么要跟麦克比赛乒乓球?

5. 她对麦克说什么?

6. 麦克愿意吗? 他说什么?

7. 玛丽懂不懂乒乓球规则?

8. 比赛的时候玛丽是怎么打球的?

9. 麦克打球的时候怎么样?

10. 玛丽的球打在哪儿了？

11. 比赛结束的时候玛丽说什么？

12. 麦克高兴吗？

13. 麦克是怎么想的？

❖ 复述 Retell ❖

麦克来 中国 以后 爱上了打 乒乓球，每天下课
Màikè lái Zhōngguó yǐhòu àishangle dǎ pīngpāngqiú, měi tiān xià kè

以后 都要 打半个多小时。同学们 都 知道他是一
yǐhòu dōu yào dǎ bàn ge duō xiǎoshí. Tóngxuémen dōu zhīdao tā shì yí

个 乒乓球迷。他也 常常 对别人 说："打 乒乓球
ge pīngpāngqiúmí. Tā yě chángcháng duì biéren shuō: "Dǎ pīngpāngqiú

我 最 拿手！"
wǒ zuì náshǒu!"

玛丽 听了，不知道麦克 说 的 话是 真 是假，想
Mǎlì tīng le, bù zhīdao Màikè shuō de huà shì zhēn shì jiǎ, xiǎng

跟他打一 场，看看他打球的技术 怎么样。她对
gēn tā dǎ yì chǎng, kànkan tā dǎ qiú de jìshù zěnmeyàng. Tā duì

麦克 说："我 要 跟 你 比赛！"麦克 很 愿意，说：
Màikè shuō: "Wǒ yào gēn nǐ bǐsài!" Màikè hěn yuànyì, shuō:

"好吧，现在 就去 乒乓球室。"
"Hǎo ba, xiànzài jiù qù pīngpāngqiúshì."

比赛开始了。玛丽一点儿 也不 懂 乒乓球 规则，
Bǐsài kāishǐ le. Mǎlì yìdiǎnr yě bù dǒng pīngpāngqiú guīzé,

看见 球就 使劲儿 向 麦克打去。麦克吓得左躲右
kànjiàn qiú jiù shǐ jìnr xiàng Màikè dǎ qù. Màikè xià de zuǒ duǒ yòu

挡， 乒乓球 还是 打在了麦克的 额头 上。
dǎng, pīngpāngqiú háishì dǎ zài le Màikè de étóu shang.

比赛 很 快 就 结束 了。麦克 的 额头 上 起了 两 个
Bǐsài hěn kuài jiù jiéshù le. Màikè de étóu shang qǐle liǎng ge

大 包儿。玛丽 高兴 极了，大 声 说："二 比 ○，我 赢
dà bāor. Mǎlì gāoxìng jí le, dà shēng shuō: "Èr bǐ líng, wǒ yíng

啦！"
la!"

麦克 一 脸 的 不 高兴。他 想："我 输 了？还 二 比
Màikè yì liǎn de bù gāoxìng. Tā xiǎng: "Wǒ shū le? Hái èr bǐ

○？以后 我 再 也 不 跟 玛丽 这样 的 人 打 乒乓球
líng? Yǐhòu wǒ zài yě bù gēn Mǎlì zhèyàng de rén dǎ pīngpāngqiú

了！"
le!"

对话
Dialogue

玛丽：嗨！麦克，这 场 球 打 得 怎么样？很 痛快 吧？
Mǎlì：Hei! Màikè, zhè chǎng qiú dǎ de zěnmeyàng? Hěn tòngkuai ba?

麦克：对，你 打 得 快，我 痛 得 厉害，这 还 不 痛快 吗？
Màikè：Duì, nǐ dǎ de kuài, wǒ tòng de lìhai, zhè hái bú tòngkuai ma?

玛丽：别 这么 说！输了 球 就 一脸 的 不 高兴，真
Mǎlì：Bié zhème shuō! Shūle qiú jiù yì liǎn de bù gāoxìng, zhēn

差劲儿！
chàjìnr!

麦克：我 说 玛丽 呀，你 对 乒乓球 的 规则 一点儿 也
Màikè：Wǒ shuō Mǎlì ya, nǐ duì pīngpāngqiú de guīzé yìdiǎnr yě

不 懂。这 是 打 乒乓球，不 是 打 羽毛球！
bù dǒng. Zhè shì dǎ pīngpāngqiú, bú shì dǎ yǔmáoqiú!

玛丽：有 什么 不一样？
Mǎlì：　Yǒu shénme bù yíyàng?

麦克：打 乒乓球 要 等 球落到 球桌上，弹起来再
Màikè：Dǎ pīngpāngqiú yào děng qiú luò dào qiúzhuō shang，tán qi lai zài

　　　打，而且要打到 对面 的桌子上。
　　　dǎ，érqiě yào dǎ dào duìmiàn de zhuōzi shang.

玛丽：是 吗？
Mǎlì：　Shì ma?

麦克：可你还没等 球落到 桌子上， 就 使劲儿打。
Màikè：Kě nǐ hái méi děng qiú luò dào zhuōzi shang，jiù shǐ jìnr dǎ.

　　　你的 劲儿真不小！
　　　Nǐ de jìnr zhēn bù xiǎo!

玛丽：不使劲儿还叫扣球吗？
Mǎlì：　Bù shǐ jìnr hái jiào kòu qiú ma?

麦克：我不 跟你说了，说了也 白搭！
Màikè：Wǒ bù gēn nǐ shuō le，shuōle yě báidā!

·119·

1.	痛快	tòngkuai	delighted; joyful
2.	痛	tòng	ache; pain
3.	弹	tán	rebound
4.	落	luò	fall
5.	白搭	báidā	useless

第十四课

1. 这是什么?（A）

What is it?

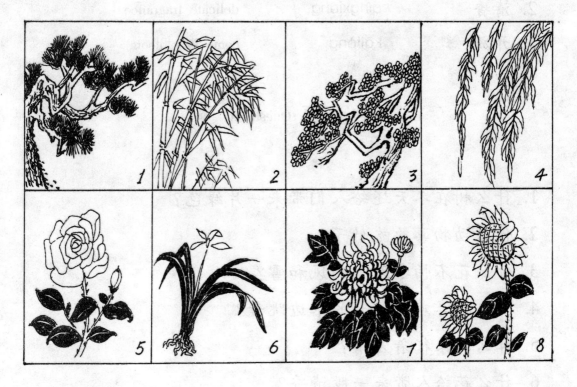

松树
sōngshù

竹子
zhúzi

梅花
méihuā

柳树
liǔshù

玫瑰花
méiguihuā

兰花
lánhuā

菊花
júhuā

向日葵
xiàngrìkuí

1. 象征　　　xiàngzhēng　　symbolize
2. 清香　　　qīngxiāng　　　delicate fragrance
3. 开放　　　kāifàng　　　　come into bloom

❖ 问题 Questions ❖

1. 什么树在冬天还给人们带来一片绿色？

2. 什么动物喜欢吃竹子？

3. 什么花不怕冬天里的风和雪？

4. 什么树喜欢在春天的水边跳舞？

5. 什么花象征着爱情？

6. 什么花给人带来一股清香？

7. 什么花在秋天里开放？

8. 什么花最喜欢向着太阳？

2. 这是什么?(B)

What is it?

刮风	下雨	下雪	云
guā fēng	xià yǔ	xià xuě	yún
下雾	太阳	月亮	星
xià wù	tàiyang	yuèliang	xīng

❖ 词语 Word and expression ❖

1. 弯   wān   crescent

❖ 问题 Questions ❖

1. 你的家乡常常刮大风吗?
2. 什么季节常常下雨?

3. 你喜欢下雪吗?
4. 下雾的天气开车应该注意什么?
5. 今天天上的云多不多?
6. 太阳离我们远不远?
7. 弯弯的月亮美不美?
8. 天上的星星数得清吗?

3. 看图说话

Talk about the picture

情人节

1. 情人节　　　Qíngrén Jié　　　lover's festival
2. 心爱的　　　xīn'ài de　　　beloved
3. 拿不定主意　ná bu dìng zhǔyi　hesitate
4. 外表　　　　wàibiǎo　　　appearance; outlook
5. 迷人　　　　mírén　　　charming
6. 苗条　　　　miáotiao　　　slim
7. 心眼儿好　　xīnyǎnr hǎo　　kindhearted
8. 聪明　　　　cōngming　　clever; intelligent
9. 究竟　　　　jiūjìng　　　actually; after all

问题 Questions

1. 情人节是几月几号?
2. 情人节本来是什么人的节日?
3. 现在在中国有人过情人节吗?
4. 这个小伙子买了什么花?
5. 他打算送给谁?
6. 谁是他最心爱的女朋友?
7. 这个小伙子觉得李小姐(左)怎么样? 为什么?
8. 陈小姐(右)不漂亮吗?
9. 这两个姑娘谁更迷人?
10. 李小姐胖还是陈小姐胖?
11. 李小姐高还是陈小姐高?
12. 李小姐苗条还是陈小姐苗条?

13. 李小姐的头发长还是陈小姐的头发长?

14. 陈小姐的嘴比李小姐(的嘴)怎么样?

15. 陈小姐的眼睛很小,对吗?

16. 李小姐的心眼儿怎么样?

17. 陈小姐跟李小姐比,谁聪明?

18. 这两位小姐的爱好一样吗?

19. 她们中谁对小伙子更热情?

20. 小伙子的玫瑰花应该送给哪个姑娘?

◆◆ 复述 Retell ◆◆

今天 是 二 月 十四 号 情人 节。这 本来 是 欧洲人
Jīntiān shì èr yuè shísì hào Qíngrén Jié. Zhè běnlái shì Ōuzhōurén

的 节日, 现在 在 中国 的 年轻人 里 也 开始 流行 起
de jiérì, xiànzài zài Zhōngguó de niánqīngrén li yě kāishǐ liúxíng qi

来 了。有 一 个 小伙子 买了 一 束 玫瑰花, 打算 送 给
lai le. Yǒu yí ge xiǎohuǒzi mǎile yí shù méiguihuā, dǎsuan sòng gěi

他 最 心爱 的 女 朋友。可是, 谁 是 他 最 心爱 的 女
tā zuì xīn'ài de nǚ péngyou. Kěshì, shuí shì tā zuì xīn'ài de nǚ

朋友 呢? 李 小姐(左) 还 是 陈 小姐(右)? 他 拿 不 定
péngyou ne? Lǐ xiǎojie(zuǒ) hái shì Chén xiǎojie(yòu)? Tā ná bu dìng

主意。他 想: "从 外表 上 看, 李 小姐 两 道 弯弯
zhǔyi. Tā xiǎng: "Cóng wàibiǎo shang kàn, Lǐ xiǎojie liǎng dào wānwān

的 眉毛, 很 漂亮, 不过, 陈 小姐 也 不 比 李 小姐
de méimao, hěn piàoliang, búguò, Chén xiǎojie yě bù bǐ Lǐ xiǎojie

差。两 个 姑娘 一样 迷人。她们 有 什么 不 一样 呢?
chà. Liǎng ge gūniang yíyàng mírén. Tāmen yǒu shénme bù yíyàng ne?

李 小姐 比 陈 小姐 胖, 没 有 陈 小姐 高; 陈 小姐 比
Lǐ xiǎojie bǐ Chén xiǎojie pàng, méi yǒu Chén xiǎojie gāo; Chén xiǎojie bǐ

李 小姐 苗条，头发 比 李 小姐 长；　陈 小姐 的 嘴 没
Lǐ xiǎojie miáotiao, tóufa bǐ Lǐ xiǎojie cháng; Chén xiǎojie de zuǐ méi

有 李 小姐 那么 大，眼睛 不 比 李 小姐 小；李 小姐
yǒu Lǐ xiǎojie nàme dà, yǎnjing bù bǐ Lǐ xiǎojie xiǎo; Lǐ xiǎojie

心眼儿 好，可是 陈 小姐 比 李 小姐 聪明；李 小姐 爱
xīnyǎnr hǎo, kěshì Chén xiǎojie bǐ Lǐ xiǎojie cōngming; Lǐ xiǎojie ài

学习、爱 看 书，陈 小姐 爱 打扮、爱 花 钱。这 两 个
xuéxí、ài kàn shū, Chén xiǎojie ài dǎban、ài huā qián. Zhè liǎng ge

姑娘 对 我 都 很 热情，我 的 玫瑰花 究竟 送 给 谁 呢?"
gūniang duì wǒ dōu hěn rèqíng, wǒ de méiguihuā jiūjìng sòng gěi shuí ne?"

　　朋友，请 帮 他 拿 个 主意 吧!
　　Péngyou, qǐng bāng tā ná ge zhǔyi ba!

 # 对话

Dialogue

李小姐：　　嗨！小 陈，打扮 得 那么 漂亮，　上 哪儿
Lǐ xiǎojie:　Hei! Xiǎo Chén, dǎban de nàme piàoliang, shàng nǎr

　　　　　去 呀?
　　　　　qù ya?

陈小姐：　　哟，是 小 李 啊！没事儿 上 街 逛逛，　看看
Chén xiǎojie:Yo, shì Xiǎo Lǐ a!　Méi shìr shàng jiē guàngguang, kànkan

　　　　　有 没 有 新式 的 毛衣。你 跟 我 一起 去 吧！
　　　　　yǒu méi yǒu xīnshì de máoyī. Nǐ gēn wǒ yìqǐ qù ba!

李小姐：　　今天 不 行，我 得 上 图书馆 还 书 去，已经
Lǐ xiǎojie:　Jīntiān bù xíng, wǒ děi shàng túshūguǎn huán shū qu, yǐjīng

　　　　　到 期 了。
　　　　　dào qī le.

陈小姐：　　你 就 知道 看 书，快 成 书呆子 了！
Chén xiǎojie:Nǐ jiù zhīdao kàn shū, kuài chéng shūdāizi le!

李小姐： 你 快 走 吧。今天 是 情人节，我 看见 小 王
Lǐ xiǎojie: Nǐ kuài zǒu ba. Jīntiān shì Qíngrén Jié, Wǒ kànjiàn Xiǎo Wáng

在 买 玫瑰花。他 一定 在 前面 那个 路口 等
zài mǎi méiguihuā. Tā yídìng zài qiánmian nà ge lùkǒu děng

着 你 哪！
zhe nǐ na!

陈小姐： 别 开 玩笑 啦！小 王 要是 真 买了 玫瑰花，
Chén xiǎojie: Bié kāi wánxiào la! Xiǎo Wáng yàoshi zhēn mǎile méiguihuā,

一定 会 去 图书馆 找 你 的。
yídìng huì qù túshūguǎn zhǎo nǐ de.

李小姐： 这 不 可能！我 看 他 对 你 很 有 那个 意思。
Lǐ xiǎojie: Zhè bù kěnéng! Wǒ kàn tā duì nǐ hěn yǒu nà ge yìsi.

陈小姐： 不，我 早 就看 出 来了，他 是 对 你 感兴趣。
Chén xiǎojie: Bù, wǒ zǎo jiù kàn chu lai le, tā shì duì nǐ gǎn xìngqu.

李小姐： 这么 说，他 对 我们 两 个 人 都 有 那个 意思？
Lǐ xiǎojie: Zhème shuō, tā duì wǒmen liǎng ge rén dōu yǒu nà ge yìsi?

这 种 男人 最差劲儿，我 一点儿也 看 不 上！
Zhè zhǒng nánrén zuì chàjìnr, wǒ yìdiǎnr yě kàn bu shàng!

陈小姐： 那，我们 怎么 办 呢？
Chén xiǎojie：Nà, wǒmen zěnme bàn ne?

李小姐： 别 理 他！
Lǐ xiǎojie： Bié lǐ tā!

❖❖ 词语 Words and expressions ❖❖

1.	新式	xīnshì	new type
2.	到期	dào qī	become due; expire
3.	开玩笑	kāi wánxiào	joke; make fun of
4.	看不上	kàn bu shàng	dislike
5.	别理他	bié lǐ tā	pay no attention to him

第十五课

1.

他们是什么人?(A)

What are they?

工人 gōngrén	农民 nóngmín
大夫 dàifu	护士 hùshi
邮递员 yóudìyuán	售货员 shòuhuòyuán
警察 jǐngchá	军人 jūnrén

❖ 词语 Words and expressions ❖

1. 职责　　　zhízé　　　　duty; responsibility
2. 打交道　　dǎ jiāodao　　make contact with

◈ 问题 Questions ◈

1. 你当过工人吗？
2. 你有农民朋友吗？
3. 你想当大夫吗？
4. 护士都是女的吗？
5. 邮递员的工作是什么？
6. 怎样才是一个好售货员？
7. 你跟警察打过交道吗？为了什么事儿？
8. 军人的职责是什么？

他们是什么人？(B)

What are they?

司机	厨师	理发员	牙医
sījī	chúshī	lǐfàyuán	yáyī
画家	书法家	歌唱家	舞蹈家
huàjiā	shūfǎjiā	gēchàngjiā	wǔdǎojiā

·131·

❖ 词语 Words and expressions ❖

1. 著名　　　　　zhùmíng　　　　　famous
2. 欣赏　　　　　xīnshǎng　　　　　appreciate; enjoy

❖ 问题 Questions ❖

1. 你坐出租汽车的时候，爱跟司机聊天吗？

2. 厨师的工作是什么？

3. 理发员的工作是什么？

4. 牙医的工作是什么？你治过牙吗？

5. 你能说出几个著名画家的名字吗？

6. 你喜欢书法家写的字吗？

7. 你能说出几个世界著名歌唱家的名字吗？

8. 你最欣赏哪国舞蹈家的舞蹈？

看图说话

Talk about the picture

瞧这一家子

❖❖ **词语** Words and expressions ❖❖

1. 小宝	Xiǎo Bǎo	*name of a person*
2. 退休	tuìxiū	retire
3. 家庭妇女	jiātíng fùnǚ	housewife
4. 姑姑	gūgu	father's sister, aunt
5. 乐呵呵	lèhēhē	happy and gay

6. 摄影记者	shèyǐng jìzhě	press photographer
7. 嫂子	sǎozi	elder brother's wife, sisterin-law
8. 追	zhuī	run after; woo
9. 淘气	táoqì	naughty; mischievous
10. 脏兮兮	zāngxīxī	dirty
11. 乱哄哄	luànhōnghōng	in a mess
12. 坏毛病	huài máobìng	bad habit
13. 支持	zhīchí	support
14. 明星	míngxīng	star
15. 全家福	quánjiāfú	photo of a whole family
16. 合家欢	héjiāhuān	photo of a whole family
17. 职业	zhíyè	occupation; profession

❖ 问题 Questions ❖

1. 这是一张什么相片儿？

2. 中国人把这种相片儿叫做什么？

3. 坐在中间儿的两位老人是谁？

4. 爷爷还工作吗？

5. 奶奶每天做什么？

6. 奶奶生过几个孩子？

7. 爷爷有什么爱好？

8. 谁每天陪爷爷打乒乓球？

9. 两位老人的身体怎么样？

10. 小宝的爸爸在哪儿？

11. 他的职业是什么？

12. 他为什么喜欢这个职业？

13. 坐在奶奶左边儿的是谁？

14. 小宝的妈妈是做什么工作的？

15. 病人说她怎么样？

16. 谁是小宝的姑姑？

17. 她刚从哪儿毕业？在哪儿工作？

18. 她结婚了没有？

19. 她手里拿着什么？谁送给她的？

20. 小宝在哪儿？

21. 小宝是男孩还是女孩？

22. 他为什么没少挨爷爷的骂？

23. 小宝的最大爱好是什么？

24. 他爸爸支持他吗？

25. 他爸爸怎么支持他？

◆◆ 复述 Retell ◆◆

这 是 一 张 全 家 人 在 一 起 照 的 相 片 儿。
Zhè shì yì zhāng quán jiā rén zài yìqǐ zhào de xiàngpiānr.

中国人 把 这 种 相 片 儿 叫 做 "全家福"，也 叫
Zhōngguórén bǎ zhè zhǒng xiàngpiānr jiàozuò "quánjiāfú", yě jiào

"合家欢"。现在 我们 来 说 一 说 这 张 全家福，或者
"héjiāhuān". Xiànzài wǒmen lái shuō yi shuō zhè zhāng quánjiāfú, huòzhě

合家欢 吧。
héjiāhuān ba.

坐 在 中间儿 的 是 小 宝 的 爷爷 和 奶奶。爷爷 是
Zuò zài zhōngjiànr de shì Xiǎo Bǎo de yéye hé nǎinai. Yéye shì

一 位 退休 老人，退休 前 他 是 一 名 工人；奶奶 是
yí wèi tuìxiū lǎorén, tuìxiū qián tā shì yì míng gōngrén; nǎinai shì

家庭 妇女，每 天 给 全 家 人 做 饭、洗 衣服、打扫
jiātíng fùnǚ, měi tiān gěi quán jiā rén zuò fàn、xǐ yīfu、dǎsǎo

卫生，还 生 了 一 男 一 女 两 个 孩子。男孩 就 是 小
wèishēng, hái shēngle yì nán yì nǚ liǎng ge háizi. Nánhái jiù shì Xiǎo

宝 的 爸爸，女孩 就 是 小 宝 的 姑姑。爷爷 退休 以后
Bǎo de bàba, nǚhái jiù shì Xiǎo Bǎo de gūgu. Yéye tuìxiū yǐhòu

没 有 别的 爱好，就 喜欢 打 乒乓球，奶奶 就 每 天 陪
méi yǒu biéde àihào, jiù xǐhuan dǎ pīngpāngqiú, nǎinai jiù měi tiān péi

爷爷 打 乒乓球。 两 位 老人 的 身体 更 健康 了，
yéye dǎ pīngpāngqiú. Liǎng wèi lǎorén de shēntǐ gèng jiànkāng le,

什么 病 也 没 有，整天 乐呵呵 的。
shénme bìng yě méi yǒu, zhěngtiān lèhēhē de.

小 宝 的 爸爸 坐 在 爷爷 右边儿，是 一 家 杂志 的
Xiǎo Bǎo de bàba zuò zài yéye yòubianr, shì yì jiā zázhì de

摄影 记者。他 从小 就 是 一 个 摄影迷，不管 什么
shèyǐng jìzhě. Tā cóngxiǎo jiù shì yí ge shèyǐngmí, bùguǎn shénme

时候 总 带着 他 心爱 的 照相机。坐 在 奶奶 左边儿 的
shíhou zǒng dàizhe tā xīn'ài de zhàoxiàngjī. Zuò zài nǎinai zuǒbianr de

是 小 宝 的 妈妈。她 是 医生，每 天 在 医院 给 病人 看
shì Xiǎo Bǎo de māma. Tā shì yīshēng, měi tiān zài yīyuàn gěi bìngrén kàn

病，病人 都 说 她 是 一 位 好 大夫。站 在 后边儿 的
bìng, bìngrén dōu shuō tā shì yí wèi hǎo dàifu. Zhàn zài hòubianr de

漂亮 姑娘 是 小 宝 的 姑姑，刚 从 护士 学校 毕业，
piàoliang gūniang shì Xiǎo Bǎo de gūgu, gāng cóng hùshi xuéxiào bìyè,

现在 在 她 嫂子 工作 的 医院 里 当 护士，还 没有
xiànzài zài tā sǎozi gōngzuò de yīyuàn li dāng hùshi, hái méiyǒu

结婚，追 她 的 小伙子 可 真 不 少， 常常 有
jié hūn, zhuī tā de xiǎohuǒzi kě zhēn bù shǎo, chángcháng yǒu

小伙子 送 她 玫瑰花。
xiǎohuǒzi sòng tā méiguihuā.

　　小 宝 站 在 爸爸 和 爷爷 的 后边儿、姑姑 的
　　Xiǎo Bǎo zhàn zài bàba hé yéye de hòubianr、gūgu de

右边儿，是 个 淘气 的 男孩。他 不 爱 干净。你 看 他 的
yòubianr, shì ge táoqì de nánhái. Tā bú ài gānjing. Nǐ kàn tā de

脸 总 是 脏兮兮 的，头发 总 是 乱哄哄 的。因为
liǎn zǒng shì zāngxīxī de, tóufa zǒng shì luànhōnghōng de. Yīnwèi

这些 坏 毛病，没 少 挨 爷爷 的 骂。他 最 大 的 爱好
zhèxiē huài máobìng, méi shǎo ái yéye de mà. Tā zuì dà de àihào

是 踢 足球，整 天 抱着 足球，连 夜里 睡觉 也 抱着
shì tī zúqiú, zhěng tiān bàozhe zúqiú, lián yèli shuìjiào yě bàozhe

足球 不 放 手。他 爸爸 很 支持 他，说："儿子 啊，
zúqiú bú fàng shǒu. Tā bàba hěn zhīchí tā, shuō: "Érzi a,

好好儿 踢，将来 咱家 也 出 个 足球 明星！"
hǎohāor tī, jiānglái zán jiā yě chū ge zúqiú míngxīng!"

 4.

对话

Dialogue

爸爸：妈，这 几 天 我 不 在 家，小 宝 怎么样？
Bàba：Mā, zhè jǐ tiān wǒ bú zài jiā, Xiǎo Bǎo zěnmeyàng?

奶奶：还 那么 淘气 呗！这 不，昨天 他 在 屋子 里 踢 球，
Nǎinai：Hái nàme táoqì bei! Zhè bū, zuótiān tā zài wūzi li tī qiú,

　　　打碎了 窗户 上 的 两 块 玻璃，今天 又 打碎-
　　　dǎsuìle chuānghu shang de liǎng kuài bōli, jīntiān yòu dǎsuì-

了　卫生间　的一　面　镜子。
le wèishēngjiān de yí miàn jìngzi.

爸爸：这　孩子！踢足球，
Bàba: Zhè háizi! Tī zúqiú,

我　支持，可不　能
wǒ zhīchí, kě bù néng

让　他在家里踢呀！
ràng tā zài jiā li tī ya!

奶奶：还　有呢！早上
Nǎinai: Hái yǒu ne! Zǎoshang

起床　以后不洗脸,头发也　乱哄哄　的。我让
qǐ chuáng yǐhòu bù xǐ liǎn, tóufa yě luànhōnghōng de. Wǒ ràng

他去理发,他抱着　足球就　往　外跑,一天不
tā qù lǐ fà, tā bàozhe zúqiú jiù wǎng wài pǎo, yì tiān bù

回　家。
huí jiā.

爸爸：妈，您是他奶奶，也该 管管 他了。
Bàba: Mā, nín shì tā nǎinai, yě gāi guǎnguan tā le.

奶奶：管 什么？ 你 小 时候 比他更 淘气！
Nǎinai: Guǎn shénme? Nǐ xiǎo shíhou bǐ tā gèng táoqì!

爸爸：都 是 您 宠 的！我 得 去 教训 教训 他！
Bàba: Dōu shì nín chǒng de! Wǒ děi qù jiàoxun jiàoxun tā!

奶奶：慢着！ 你 可 不 能 打 他。你 要 是 打他，我 就 先 打
Nǎinai: Mànzhe! Nǐ kě bù néng dǎ tā. Nǐ yào shi dǎ tā, Wǒ jiù xiān dǎ

你！
nǐ!

爸爸：为 什么？
Bàba: Wèi shénme?

奶奶：你 打 你 的 儿子，我 就 打 我 的 儿子 呗！
Nǎinai: Nǐ dǎ nǐ de érzi, wǒ jiù dǎ wǒ de érzi bei!

❖❖ 词语 Words and expressions ❖❖

1. 打碎　　　dǎsuì　　　　　break
2. 玻璃　　　bōli　　　　　　glass
3. 镜子　　　jìngzi　　　　　mirror
4. 理发　　　lǐ fà　　　　　　haircut
5. 管　　　　guǎn　　　　　　discipline（children or students）
6. 宠　　　　chǒng　　　　　spoil
7. 教训　　　jiàoxun　　　　teach sb. a lesson

词 语 表

词语	词性	拼音	课序
		B	
把	（量）	bǎ	5
白搭		báidā	13
包子	（名）	bāozi	4
抱	（动）	bào	7
杯子	（名）	bēizi	6
背包	（名）	bèibāo	10
背心	（名）	bèixīn	8
鼻子	（名）	bízi	11
笔记本	（名）	bǐjìběn	7
比分	（名）	bǐfēn	13
变成		biànchéng	8
表示	（动）	biǎoshì	10
别理他		bié lǐ tā	14
菠菜	（名）	bōcài	9
玻璃	（名）	bōli	15
不管怎么说		bùguǎn zěnme shuō	12
部位	（名）	bùwèi	11
不小心		bù xiǎoxīn	7
		C	
擦	（动）	cā	13
裁判员	（名）	cáipànyuán	12
踩	（动）	cǎi	7
菜场	（名）	càichǎng	9

草莓	（名）	cǎoméi	5
词典	（名）	cídiǎn	7
宠	（动）	chǒng	15
聪明	（形）	cōngming	14
从	（介）	cóng	6
从小		cóngxiǎo	10
叉	（名）	chā	5
查词典		chá cídiǎn	7
茶壶	（名）	cháhú	6
长裤	（名）	chángkù	8
超级市场（超市）	（名）	chāojí shìchǎng（chāoshì)	6
衬衫	（名）	chènshān	8
抽球		chōu qiú	13
厨师	（名）	chúshī	15
纯棉	（名）	chúnmián	8

D

打交道		dǎ jiāodao	15
打碎		dǎsuì	15
大白菜	（名）	dàbáicài	9
大葱	（名）	dàcōng	9
大蒜	（名）	dàsuàn	9
大衣	（名）	dàyī	8
带	（动）	dài	10
大夫	（名）	dàifu	15
但是	（连）	dànshì	10
挡	（动）	dǎng	12
刀	（名）	dāo	5
倒	（动）	dǎo	12
到	（动）	dào	2

倒	（动）	dào	12
到期		dào qī	14
凳子	（名）	dèngzi	6
掉	（动）	diào	7
吊	（动）	diào	11
调虎离山	（成）	diào hǔ lí shān	12
碟子	（名）	diézi	5
盯	（动）	dīng	12
咚	（象）	dong	9
冬瓜	（名）	dōngguā	9
冬天	（名）	dōngtiān	8
懂	（动）	dǒng	3
动物	（名）	dòngwù	10
动作	（名）	dòngzuò	6
蹲	（动）	dūn	11
短裤	（名）	duǎnkù	8
对……感兴趣		duì……gǎn xìngqu	10

E

额头	（名）	étóu	13
饿	（形）	è	4
而且	（连）	érqiě	9
耳朵	（名）	ěrduo	11

F

犯规		fàn guī	12
方法	（名）	fāngfǎ	11
飞	（动）	fēi	12

G

盖儿	（名）	gàir	7

干	（形）	gān	8
钢笔	（名）	gāngbǐ	7
高尔夫球	（名）	gāo'ěrfūqiú	12
歌唱家	（名）	gēchàngjiā	15
更	（副）	gèng	11
公共汽车		gōnggòng qìchē	7
工人	（名）	gōngrén	15
公文包	（名）	gōngwénbāo	10
姑姑	（名）	gūgu	15
刮风		guā fēng	14
管	（动）	guǎn	15
规则	（名）	guīzé	12
跪	（动）	guì	11
柜子	（名）	guìzi	6
滚	（动）	gǔn	12

H

好吃	（形）	hǎochī	4
好喝	（形）	hǎohē	4
害怕	（形）	hàipà	11
汉堡包	（名）	hànbǎobāo	4
汉语课本		Hànyǔ kèběn	7
和	（连）	hé	1
合家欢	（名）	héjiāhuān	15
后	（名）	hòu	5
后边儿	（名）	hòubianr	6
忽然	（副）	hūrán	9
胡萝卜	（名）	húluóbo	9
护士	（名）	hùshi	15
花	（形、名）	huā	8
花卷儿	（名）	huājuǎnr	4

滑倒		huádǎo	7
画家	（名）	huàjiā	15
坏毛病		huài máobìng	15
会	（能愿、动）	huì	6
荤菜	（名）	hūncài	9
馄饨	（名）	húntun	4

J

鸡	（名）	jī	9
鸡蛋	（名）	jīdàn	9
寄	（动）	jì	2
系	（动）	jì	12
计	（名）	jì	12
记笔记		jì bǐjì	7
技术	（名）	jìshù	13
记分牌	（名）	jìfēnpái	13
夹	（动）	jiā	13
家庭妇女		jiātíng fùnǚ	15
夹克衫	（名）	jiákèshān	8
假	（形）	jiǎ	10
脚	（名）	jiǎo	7
饺子	（名）	jiǎozi	4
教训	（动、名）	jiàoxun	15
结束	（动）	jiéshù	13
警察	（名）	jǐngchá	15
紧张	（形）	jǐnzhāng	12
镜子	（名）	jìngzi	15
究竟	（副）	jiūjìng	14
就	（副）	jiù	3
菊花	（名）	júhuā	14
橘子	（名）	júzi	5

举	（动）	jǔ	12
决定	（动、名）	juédìng	5
军人	（名）	jūnrén	15

K

开车		kāi chē	3
开放	（动）	kāifàng	14
开玩笑		kāi wánxiào	14
砍	（动）	kǎn	12
看不上		kàn bu shàng	14
看我的		kàn wǒ de	11
烤鸭	（名）	kǎoyā	9
靠	（动）	kào	11
磕	（动）	kē	12
可爱	（形）	kě'ài	9
可怕	（形）	kěpà	11
可是	（连）	kěshì	10
客人	（名）	kèren	9
肯德基	（名）	Kěndéjī	4
扣球		kòu qiú	13
裤衩儿	（名）	kùchǎr	8
快	（形、副）	kuài	5
筷子	（名）	kuàizi	5

L

拉	（动）	lā	13
拉肚子		lā dùzi	6
老人	（名）	lǎorén	2
烙饼	（名）	làobǐng	4
篮球	（名）	lánqiú	12
篮子	（名）	lánzi	6

兰花	（名）	lánhuā	14
来历	（名）	láilì	8
乐呵呵		lèhēhē	15
梨	（名）	lí	5
理发		lǐ fà	15
理发员	（名）	lǐfàyuán	15
理解	（动）	lǐjiě	10
立刻	（副）	lìkè	11
练习本	（名）	liànxíběn	7
晾	（动）	liàng	8
邻居	（名）	línjū	9
柳树	（名）	liǔshù	14
乱哄哄		luànhōnghōng	15
萝卜	（名）	luóbo	9
落	（动）	luò	13
旅行袋	（名）	lǔxíngdài	10

M

麻花儿	（名）	máhuār	4
玛丽	（名）	Mǎlì	1
买	（动）	mǎi	5
麦克	（名）	Màikè	1
麦当劳	（名）	Màidāngláo	4
猫	（名）	māo	11
毛衣	（名）	máoyī	8
馒头	（名）	mántou	4
玫瑰花	（名）	méiguihuā	14
梅花	（名）	méihuā	14
眉毛	（名）	méimao	11
没想到		méi xiǎngdào	7
迷人	（形）	mírén	14

米饭	（名）	mǐfàn	4
面巾纸	（名）	miànjīnzhǐ	6
面条儿	（名）	miàntiáor	4
苗条	（形）	miáotiao	14
明星	（名）	míngxīng	15
命令	（名、动）	mìnglìng	11
摸	（动）	mō	13

N

拿	（动）	ná	10
拿不定主意		ná bu dìng zhǔyi	14
拿手	（形）	náshǒu	13
男孩	（名）	nánhái	2
年糕	（名）	niángāo	4
捏	（动）	niē	13
拧	（动）	nǐng	13
农民	（名）	nóngmín	15
暖壶	（名）	nuǎnhú	6
女孩	（名）	nǚhái	2

P

趴	（动）	pā	11
爬	（动）	pá	10
拍	（动）	pāi	13
排球	（名）	páiqiú	12
盘子	（名）	pánzi	5
螃蟹	（名）	pángxiè	9
胖	（形）	pàng	8
跑	（动）	pǎo	10
啤酒	（名）	píjiǔ	4
屁股	（名）	pìgu	6

乒乓球	（名）	pīngpāngqiú	12
瓶盖儿	（名）	pínggàir	5
苹果	（名）	píngguǒ	5
葡萄	（名）	pútao	5

Q

欺软怕硬	（成）	qī ruǎn pà yìng	11
旗袍	（名）	qípáo	8
祈祷	（动）	qídǎo	11
起包儿		qǐ bāor	13
起子	（名）	qǐzi	5
铅笔	（名）	qiānbǐ	7
前	（名）	qián	5
钱包儿	（名）	qiánbāor	10
敲	（动）	qiāo	7
清香	（名）	qīngxiāng	14
情人节	（名）	Qíngrén Jié	14
球迷	（名）	qiúmí	12
球拍	（名）	qiúpāi	13
球网	（名）	qiúwǎng	13
球桌	（名）	qiúzhuō	13
全家福	（名）	quánjiāfú	15
裙子	（名）	qúnzi	8

R

染	（动）	rǎn	8
热情	（形）	rèqíng	5
认真	（形）	rènzhēn	3
扔	（动）	rēng	7
肉	（名）	ròu	9

水壶	（名）	shuǐhú	6
司机	（名）	sījī	15
松	（形、动）	sōng	12
松树	（名）	sōngshù	14
塑料袋	（名）	sùliàodài	10
酸	（形）	suān	5
缩水	（动）	suōshuǐ	8

T

他们	（代）	tāmen	1
台球	（名）	táiqiú	12
太阳	（名）	tàiyang	8
弹	（动）	tán	13
弹力	（名）	tánlì	8
汤	（名）	tāng	4
躺	（动）	tǎng	11
桃	（名）	táo	5
淘气	（形）	táoqì	15
逃走		táo zǒu	11
踢	（动）	tī	7
提	（动）	tí	7
甜	（形）	tián	5
调料	（名）	tiáoliào	5
跳	（动）	tiào	10
同意	（动）	tóngyì	10
痛	（形）	tòng	13
痛快	（形）	tòngkuai	13
头发	（名）	tóufa	11
推	（动）	tuī	13
退休	（动）	tuìxiū	15

W

袜子	（名）	wàzi	8
外表	（名）	wàibiǎo	14
外国	（名）	wàiguó	4
弯	（形、动）	wān	14
碗	（名）	wǎn	5
网球	（名）	wǎngqiú	12
围巾	（名）	wéijīn	8
喂	（动）	wèi	11
为什么		wèi shénme	4
吻	（动）	wěn	9
握	（动）	wò	10
舞蹈家	（名）	wǔdǎojiā	15
武术	（名）	wǔshù	3

X

西服	（名）	xīfú	8
西瓜	（名）	xīguā	5
喜欢	（动）	xǐhuan	4
洗衣店	（名）	xǐyīdiàn	8
洗衣机	（名）	xǐyījī	8
虾	（名）	xiā	9
吓	（动）	xià	11
下雾		xià wù	14
下雪		xià xuě	14
下雨		xià yǔ	14
馅儿饼	（名）	xiànrbǐng	4
香肠	（名）	xiāngcháng	9
香蕉	（名）	xiāngjiāo	5
香蕉皮	（名）	xiāngjiāopí	7

箱子	（名）	xiāngzi	10
想	（动）	xiǎng	5
向日葵	（名）	xiàngrìkuí	14
象征	（动）	xiàngzhēng	14
削球		xiāo qiú	13
小宝	（名）	Xiǎo Bǎo	15
小吃	（名）	xiǎochī	4
小狗		xiǎogǒu	2
新鲜	（形）	xīnxian	3
新式	（形）	xīnshì	14
心爱的		xīn'ài de	14
心眼儿好		xīnyǎnr hǎo	14
欣赏	（动）	xīnshǎng	15
星	（名）	xīng	14
幸运	（形、名）	xìngyùn	11
凶	（形）	xiōng	11

Y

鸭	（名）	yā	9
牙齿	（名）	yáchǐ	11
牙签儿	（名）	yáqiānr	6
牙医	（名）	yáyī	15
眼睛	（名）	yǎnjing	11
摇	（动）	yáo	6
摇椅	（名）	yáoyǐ	6
要	（能愿、动）	yào	3
也	（副）	yě	3
椅子	（名）	yǐzi	6
一点儿		yìdiǎnr	5
一起	（副）	yìqǐ	2
邮递员	（名）	yóudìyuán	15

油条	（名）	yóutiáo	4
游戏	（名）	yóuxì	11
有	（动）	yǒu	4
有名	（形）	yǒumíng	9
鱼	（名）	yú	4
羽毛球	（名）	yǔmáoqiú	12
羽绒服	（名）	yǔróngfú	8
圆白菜	（名）	yuánbáicài	9
元宵（汤圆）	（名）	yuánxiāo(tāngyuán)	4
圆珠笔	（名）	yuánzhūbǐ	7
月亮	（名）	yuèliang	14
云	（名）	yún	14

Z

在	（介）	zài	2
咱们	（代）	zánmen	4
脏	（形）	zāng	8
脏兮兮		zāngxīxī	15
炸鸡腿	（名）	zhájītuǐ	4
站	（动）	zhàn	11
招待	（动）	zhāodài	9
张开胳膊		zhāngkāi gēbo	12
真	（副）	zhēn	5
真差劲儿		zhēn chàjìnr	12
支持	（动）	zhīchí	15
职业	（名）	zhíyè	15
职责	（名）	zhízé	15
纸	（名）	zhǐ	7
纸箱	（名）	zhǐxiāng	10
指	（动）	zhǐ	11
只要	（连）	zhǐyào	10

中国	（名）	Zhōngguó	2
中山装	（名）	zhōngshānzhuāng	8
竹子	（名）	zhúzi	14
主人	（名）	zhǔrén	11
著名	（形）	zhùmíng	15
抓	（动）	zhuā	10
转椅	（名）	zhuànyǐ	6
撞	（动）	zhuàng	12
追	（动）	zhuī	15
桌子	（名）	zhuōzi	6
走	（动）	zǒu	10
粽子	（名）	zòngzi	4
足球	（名）	zúqiú	7
嘴	（名）	zuǐ	11
做	（动）	zuò	3
做饭		zuò fàn	9
坐	（动）	zuò	11

参考试卷（Ⅰ）

The examination paper for the course of *Learning to Speak with the Aid of Pictures* (Ⅰ)

考试要求：

1. 仔细看图，学习所给词语；
2. 运用这些词语口头回答问题；
3. 口头描述图画内容。

The examination requirements:

1. Look at the pictures carefully and learn the new words and expressions;
2. Answer the questions orally using these new words and expressions given below;
3. Describe the pictures orally.

(一) 图画　　　假 的 真 不 了

Jiǎ de zhēn bu liǎo

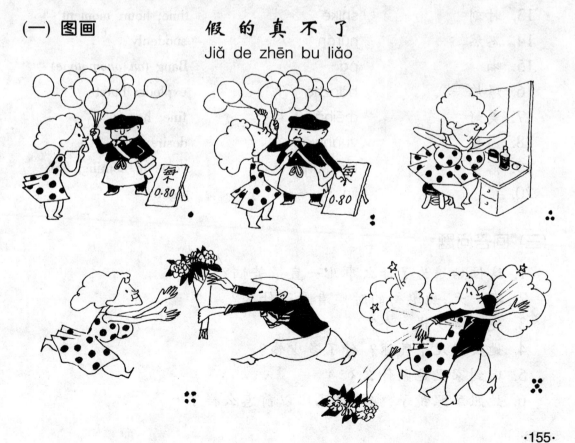

(二) 参考词语

1. 胸围   xiōngwéi   chest measurement
2. 缺乏   quēfá   be short of; lack
3. 性感   xìnggǎn   sexy
4. 苦恼   kǔnǎo   depressed; vexed
5. 逛街   guàng jiē   stroll around the streets
    逛   guàng   stroll; ramble
6. 好主意   hǎo zhǔyi   good idea
7. 塞   sāi   fill in; squeeze in
8. 胸部   xiōngbù   chest
9. 丰满   fēngmǎn   full and round
10. 地点   dìdiǎn   place; site
11. 急匆匆   jícōngcōng   hurriedly
12. 令人   lìng rén   make; cause
13. 时刻   shíkè   time; hour; moment
14. 忽然   hūrán   suddenly
15. 啪   pa   Bang (*an onomatope*)
16. 爆炸   bàozhà   explode; burst
17. 美好   měihǎo   fine; happy
18. 愿望   yuànwàng   desire; wish
19. 落空   luò kōng   come to nothing; fail
20. 紧   jǐn   tight

(三) 回答问题

1. 这位姑娘为了什么事儿一直很苦恼？
2. 有一天，她逛街的时候看见了什么？
3. 气球多少钱一个？
4. 她买了几个气球？付了多少钱？
5. 回到家里她做什么？
6. 她照了照镜子，觉得自己比以前怎么样了？

7. 今天下午她跟谁有约会?

8. 她想男朋友见了她一定会怎么样?

9. 到了约会地点,她看见男朋友手里拿着什么?

10. 她怎么向男朋友跑去?

11. 他俩紧紧拥抱在一起的时候,忽然听见什么声音?为什么?

12. 姑娘的美好愿望怎么了?

(四) 看图说话

提示:

图1:这 位 姑娘 胸围 不 高, 缺乏 性感。为了 这件
Tú yī: Zhè wèi gūniang xiōngwéi bù gāo, quēfá xìnggǎn. Wèile zhè jiàn

事 她 一直 很 苦恼。有 一 天, 她 逛 街 的 时候,……
shì, tā yìzhí hěn kǔnǎo. Yǒu yì tiān, tā guàng jiē de shíhou,……

图2:她 问 气球 多少 钱 一 个,……
Tú èr: Tā wèn qìqiú duōshao qián yí ge,……

图3: 回到 家 里,她 把 气球 塞 在 胸 前 的 衣服 里,……
Tú sān: Huídào jiā li, tā bǎ qìqiú sāi zài xiōng qián de yīfu li,……

图4:到 了 约会 地点,她 看见 男 朋友……
Tú sì: Dàole yuēhuì dìdiǎn, tā kànjiàn nán péngyou……

图5:他 俩 紧紧 拥抱 在 一 起。就 在 这 个 时候,……
Tú wǔ: Tā liǎ jǐnjǐn yōngbào zài yìqǐ. Jiù zài zhè ge shíhou,……

参考试卷(Ⅱ)

The examination paper for the course of *Learning to Speak with the Aid of Pictures*(Ⅱ)

考试要求：

1. 仔细看图,学习所给词语；
2. 运用这些词语口头回答问题；
3. 口头描述图画内容。

The examination requirements:

1. Look at the pictures carefully and learn the new words and expressions;
2. Answer the questions orally using these new words and expressions given below;
3. Describe the pictures orally.

(一) 图画

生发灵
Shēngfàlíng

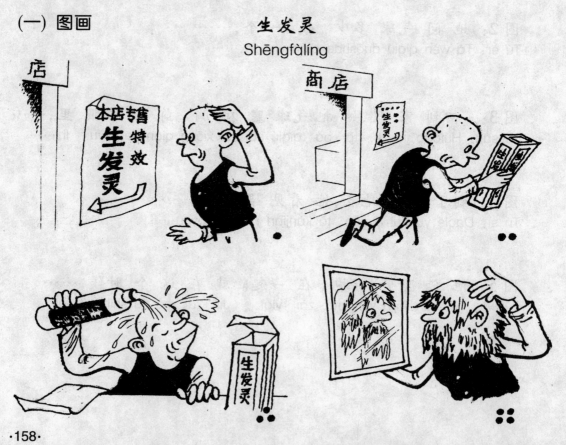

(二) 参考词语

1. 终于	zhōngyú	al last; in the end
2. 发愁	fā chóu	worry; be anxious
3. 长	cháng	long
长	zhǎng	grow
4. 广告	guǎnggào	advertisement
5. 出售	chūshòu	sell
6. 特效	tèxiào	special efficacy
7. 生发灵	shēngfàlíng	medicinal liquid effective for hair–growing
灵	líng	effective
8. 毫不犹豫	háo bù yóuyù	without the least hesitation
9. 管它……	guǎn tā……	not bother about it
10. 再说	zài shuō	put the matter aside untill...
11. 迫不及待	pò bù jí dài	too impatient to wait
12. 浇	jiāo	pour liquid on
13. 说明书	shuōmíngshū	a booklet of directions
14. 顾得上	gù de shang	attend to; give consideration to
15. 果然	guǒrán	as expected; really
16. 天哪	tiān na	Good Heavens
17. 浓	nóng	thick
18. 毛	máo	hair
19. 活像	huó xiàng	look exactly like
20. 野	yě	wild
21. 狮子	shīzi	lion
22. 千不该,万不该	qiān bù gāi wàn bù gāi	ought not to; must under no circumstances; absolutely not

(三) 回答问题

1. 这位先生看上去有多大年纪？
2. 他的头发怎么了？
3. 他去过医院，吃过药吗？
4. 他为什么事儿天天发愁？
5. 一天，他在一家商店门口看见了什么？
6. 广告上写着什么？
7. 他买生发灵了吗？
8. 他买生发灵是怎么想的？
9. 他回到家里就做什么？
10. 他看盒子里的说明书了吗？
11. 生发灵灵不灵？
12. 他照镜子的时候发现了什么？
13. 这时，他明白自己犯了什么错误？

(四) 看图说话

提示：

这 位　先生　年纪 不 到 三十五，头发　就……
Zhè wèi xiānsheng niánjì bú dào sānshíwǔ, tóufa jiù……

图1~图2：一 天 他 在 一 家　商店　门口　看见 一 张
Tú yī~Tú èr: Yì tiān tā zài yì jiā shāngdiàn ménkǒu kànjiàn yì zhāng

广告，……
guǎnggào,……

图3：回到 家 里，……
Tú sān: Huídào jiā li,……

图4：这 生发灵　果然 灵 极 了，……
Tú sì: Zhè shēngfàlíng guǒrán líng jí   le,……

参考试卷(Ⅲ)

The examination paper for the course of Learning
to Speak with the Aid of Pictures(Ⅲ)

考试要求:

1. 仔细看图,学习所给词语;

2. 运用这些词语口头回答问题;

3. 口头描述图画内容。

The examination requirements:

1. Look at the pictures carefully and learn the new words and expressions;

2. Answer the questions orally using these new words and expressions given below;

3. Describe the pictures orally.

(一) 图画　　麦克学烙饼
Màikè xué lào bǐng

(二) 参考词语

1. 烙饼	làobǐng	a kind of pancake
烙	lào	bake in a pan
2. 面粉	miànfěn	wheat flour
面	miàn	paste, dough, noodles, flour, ect.
3. 盐	yán	salt
4. 水罐	shuǐguàn	water pitcher; jar; pot; jug
5. 搅	jiǎo	stir
6. 匀	yún	even
7. 煤气灶	méiqìzào	gas cooker
煤气	méiqì	gas
8. 平底锅	píngdǐguō	flat-bottomed pan
锅	guō	pan, boiler, cauldron, etc.
9. 勺	sháo	ladle; spoon
10. 舀	yǎo	ladle out; spoon out
11. 锅铲子	guōchǎnzi	cooking shovel
12. 盯	dīng	fix one's eyes on
13. 一步步	yíbùbù	step by step
14. 步骤	bùzhòu	steps; move; measure

15.	把儿	bàr	handle
16.	抖	dǒu	jerk
17.	抛	pāo	throw; toss; cast; fling
18.	空中	kōngzhōng	in the air
19.	翻个个儿	fān ge gèr	turn over
20.	稳	wěn	steady

(三) 回答问题

1. 麦克爱吃什么？

2. 他会烙饼吗？

3. 谁愿意教他烙饼？

4. 玛丽说什么？

5. 他们准备了什么东西？

6. 玛丽怎么教麦克烙饼？

7. 麦克为什么很高兴？

8. 玛丽把什么倒进一只碗里？

9. 她在面粉里放了些什么？

10. 她往面粉里一边倒水,一边做什么？

11. 她把煤气灶打开以后做什么？

12. 麦克为什么两眼盯着玛丽？

13. 玛丽是怎么知道饼的下边儿已经烙得差不多了？

14. 玛丽是怎么把饼翻了个个儿的？

15. 麦克看明白玛丽的这个动作了吗？他说什么？

16. 麦克也把饼抛起来了吗？

17. 麦克也像玛丽那样稳稳地让饼落在锅里了吗？

18. 由此可见,学烙饼跟学语言有什么相同的地方吗？

(四) 看图说话

提示：

麦克 爱吃 中国 烙饼，可是 不 会 烙，玛丽 说："……
Màikè ài chī Zhōngguó làobǐng, kěshì bú huì lào, Mǎlì shuō："……

图1~图4：玛丽 拿起 一 袋 面粉，把 面粉 倒进 一 只 大
Tú yī~Tú sì: Mǎlì náqǐ yí dài miànfén, bǎ miànfén dàojìn yì zhī dà

碗 里，……
wǎn li, ……

图5：过了 一会儿，玛丽 锅里的 饼 已经有 香味儿了，看 来
Tú wǔ: Guòle yíhuìr, Mǎlì guō li de bǐng yǐjīng yǒu xiāngwèir le, kàn lái

饼 的 下边儿 已经 烙得 差 不 多 了，该 烙 上边儿 的 了，……
bǐng de xiàbiānr yǐjīng lào de chà bu duō le, gāi lào shàngbiānr de le, ……

图6：他 把 饼 也 高高 地 抛在 空中，……
Tú liù: Tā bǎ bǐng yě gāogāo de pāo zài kōngzhōng, ……

由 此 可见，学习 一 种 技术，……
Yóu cǐ kějiàn, xuéxí yì zhǒng jìshù, ……

试卷参考答案
Answers for Reference

（I）假的 真不了
Jiǎ de zhēn bu liǎo

这位 姑娘 胸围 不高，缺乏 性感。为了 这件 事，她 一直
Zhè wèi gūniang xiōngwéi bù gāo, quēfá xìnggǎn. Wèile zhè jiàn shì, tā yìzhí

很 苦恼。有 一天，她 逛 街的 时候，看见 了 一个 老头儿 在
hěn kǔnǎo. Yǒu yì tiān, tā guàng jiē de shíhou, kànjiàn le yí ge lǎotóur zài

卖 气球。她 忽然 有了 一个 好 主意。
mài qìqiú. Tā hūrán yǒule yí ge hǎo zhǔyi.

她 问 气球 多少 钱 一个，老头儿 告诉 她 八 毛 一 个。
Tā wèn qìqiú duōshao qián yí ge, lǎotóur gàosu tā bā máo yí ge.

姑娘 付了 一块 六 毛 钱，买了 两 个 气球，就 高高兴兴 地
Gūniang fùle yí kuài liù máo qián, mǎile liǎng ge qìqiú, jiù gāogāo-xìngxìng de

回家 了。
huí jiā le.

回到 家里，她 把 气球 塞 在 胸 前的 衣服 里，照 了 照
Huídào jiā li, tā bǎ qìqiú sāi zài xiōng qián de yīfu li, zhào le zhào

镜子，果然 胸部 丰满，比 以前 性感 多 了。今天 下午 她 跟
jìngzi, guǒrán xiōngbù fēngmǎn, bǐ yǐqián xìnggǎn duō le. Jīntiān xiàwǔ tā gēn

男 朋友 有 一 个 约会。她 想 男 朋友 见了 她，一定 会 更
nán péngyou yǒu yí ge yuēhuì. Tā xiǎng nán péngyou jiànle tā, yídìng huì gèng

爱 她 了。
ài tā le.

到了 约会 地点，她 看见 男 朋友 手 里 拿着 鲜花 向 她
Dàole yuēhuì dìdiǎn, tā kànjiàn nán péngyou shǒu li názhe xiānhuā xiàng tā

跑来，她 也 急匆匆 地 向 男 朋友 跑去。一个 星期 没 见 面
pǎolái, tā yě jícōngcōng de xiàng nán péngyou pǎoqù. Yí ge xīngqī méi jiàn miàn

了，这 是 多么 令人 高兴 的 时刻 呀！
le, zhè shì duōme lìng rén gāoxìng de shíkè ya!

他 俩 紧紧 拥抱 在 一起。就 在 这 个 时候，忽然 听见
Tā liǎ jǐnjǐn yōngbào zài yìqǐ. Jiù zài zhè ge shíhou, hūrán tīngjiàn

"啪！啪！"两 声，气球 爆炸 了，姑娘 的 美好 愿望 也在
"pa! pa!" liǎng shēng, qìqiú bàozhà le, gūniang de měihǎo yuànwàng yě zài

"啪！啪！"声 中 落 空 了！
"pa! pa!" shēng zhōng luò kōng le!

（II）生 发 灵
Shēng fà líng

这位 先生 年纪 不 到 三十五，头发 就 一 根根 地 往 下
Zhè wèi xiānsheng niánjì bú dào sānshíwǔ, tóufa jiù yì gēngēn de wǎng xià

掉，终于 成了 秃头。他 不 知 去过 多少 次 医院，吃过 多少
diào, zhōngyú chéngle tūtóu. Tā bù zhī qùguo duōshao cì yīyuàn, chīguo duōshao

药，头发 就是 一 根 也 不 长，为 这 事儿 天天 在 发愁。
yào, tóufa jiùshì yì gēn yě bù zhǎng, wèi zhè shìr tiāntiān zài fā chóu.

一 天，他 在 一 家 商店 门口 看见 一 张 广告，
Yì tiān, tā zài yì jiā shāngdiàn ménkǒu kànjiàn yì zhāng guǎnggào,

广告 上 写着"本 店 出售 特效 生发灵"。他 毫 不 犹豫 地
guǎnggào shang xiězhe "Běn diàn chūshòu tèxiào shēngfàlíng". Tā háo bù yóuyù de

走进 这家 商店 买了 一瓶，心 想，管 它 灵 不 灵，买 回 去
zǒujìn zhè jiā shāngdiàn mǎile yì píng, xīn xiǎng, guǎn tā líng bu líng, mǎi huí qu

试试 再 说。
shìshi zài shuō.

回到 家 里，他 迫 不 及 待 地 拿出 生发灵 往 自己 的 秃头
Huídào jiā li, tā pò bù jí dài de nánchū shēngfàlíng wǎng zìjǐ de tūtóu

上 浇，连 盒子 里 的 说明书 也 没 顾 得 上 看。一 瓶
shàng jiāo, lián hézi li de shuōmíngshū yě méi gù de shang kàn. Yì píng

生发灵 就 这样 很 快 被 他 用完 了。
shēngfàlíng jiù zhèyàng hěn kuài bèi tā yòngwán le.

这 生发灵 果然 灵 极 了，不 一会儿，他 拿起 镜子 照 了
Zhè shēngfàlíng guǒrán líng jí le, bù yíhuìr, tā náqǐ jìngzi zhào le

照，天 哪！秃头 不 见 了，满 头 满 脸 长出 又 长 又 浓
zhào, tiān na! Tūtóu bú jiàn le, mǎn tóu mǎn liǎn zhǎngchū yòu cháng yòu nóng

的 毛, 看 上 去 活 像 一头 野 狮子。这时,他 才 明白 自己
de máo, kàn shang qu huó xiàng yì tóu yě shīzi. Zhè shí, tā cái míngbai zìjǐ

犯了 一个 大 错误, 千 不 该, 万 不 该, 不 该 在 用 生发灵 以前
fànle yí ge dà cuòwu, qiān bù gāi, wàn bù gāi, bù gāi zài yòng shēngfàlíng yǐqián

不 看 说明书。
bú kàn shuōmíngshū.

(Ⅲ) 麦克 学 烙 饼
Màikè xué lào bǐng

麦克 爱 吃 中国 烙饼,可是 不 会 烙。玛丽 说:"这 很 简单,
Màikè ài chī Zhōngguó làobǐng, kěshì bú huì lào. Mǎlì shuō:"Zhè hěn jiǎndān,

一 学 就 会,我 来 教 你。"他们 准备了 面粉、鸡蛋、盐 和 油,
yì xué jiù huì, wǒ lái jiāo nǐ." Tāmen zhǔnbèile miànfěn、jīdàn、yán hé yóu,

进了 厨房。玛丽 对 麦克 说:"你 跟 我 学,我 做 什么,你 就 做
jìnle chúfáng. Mǎlì duì Màikè shuō:"Nǐ gēn wǒ xué, wǒ zuò shénme, nǐ jiù zuò

什么,一点儿 也 不 难。"麦克 很 高兴,他 想, 一会儿 就 能 吃
shénme, yìdiǎnr yě bù nán." Màikè hěn gāoxìng, tā xiǎng, yíhuìr jiù néng chī

上 自己 做 的 烙饼 了。
shang zìjǐ zuò de làobǐng le.

玛丽 拿起 一袋 面粉,把 面粉 倒进 一只 大碗 里,在 面粉 里
Mǎlì náqǐ yí dài miànfěn, bǎ miànfěn dàojìn yì zhī dàwǎn li, zài miànfěn li

打了 两 只 鸡蛋, 放了 一点儿 盐, 又 拿起 水罐, 往 面粉 里
dǎle liǎng zhī jīdàn, fàngle yìdiǎnr yán, yòu náqǐ shuǐguàn, wǎng miànfěn li

倒 水,一边儿 倒,一边儿 用 筷子 把 面粉、鸡蛋 和 水 搅匀。
dào shuǐ, yìbiānr dào, yìbiānr yòng kuàizi bǎ miànfěn、jīdàn hé shuǐ jiǎoyún.

然后 把 煤气灶 打开, 放上 平底锅,锅 里 放 点儿 油,等 油
Ránhòu bǎ méiqìzào dǎkāi, fàngshang píngdǐguō, guō li fàng diǎnr yóu, děng yóu

热了 以后,再 用 勺 把 面 舀 在 锅 里,用 锅铲子 把 面
rèle yǐhòu, zài yòng sháo bǎ miàn yǎo zài guō li yòng guōchǎnzi bǎ miàn

摊平。麦克 两 眼 盯着 玛丽,按照 玛丽 的 步骤 一步步 地 做,
tānpíng. Màikè liǎng yǎn dīngzhe Mǎlì, ànzhào Mǎlì de bùzhòu yíbùbù de zuò,

一点儿 也 不 马虎。
yìdiǎnr yě bù mǎhu.

过了 一会儿, 玛丽 锅 里 的 饼 已经 有 香味儿 了, 看来 饼
Guòle yíhuìr, Mǎlì guō li de bǐng yǐjīng yǒu xiāngwèir le, kàn lái bǐng

的 下边儿 已经 烙 得 差 不 多 了, 该 烙 上边儿 的 了。玛丽 说:
de xiàbianr yǐjīng lào de chà bu duō le, gāi lào shàngbianr de le. Mǎlì shuō:

"注意, 看 我 的 动作。" 说着, 她 拿起 锅把儿, 往 上 一 抖,
"Zhùyì, kàn wǒ de dòngzuò." Shuōzhe, tā náqǐ guōbàr, wǎng shàng yì dǒu,

锅 里 的 饼 被 高高 地 抛 在 空中, 翻了 个 个儿, 又 稳稳
guō li de bǐng bèi gāogāo de pāo zài kōngzhōng, fānle ge gèr, yòu wěnwěn

地 落 在 锅 里。玛丽 问:"麦克, 这 个 动作 你 看 明白 了 吗?"
de luò zài guō li. Mǎlì wèn: "Màikè, zhè ge dòngzuò nǐ kàn míngbaile ma?"

麦克 说:"看 明白 了。我 是 看 在 眼 里, 记 在 心 上 了。"
Màikè shuō: "Kàn míngbai le. Wǒ shì kàn zài yǎn li, jì zài xīn shang le."

他 把 饼 也 高高 地 抛 在 空中, 可是 饼 却 没有 落 在
Tā bǎ bǐng yě gāogāo de pāo zài kōngzhōng, kěshì bǐng què méiyǒu luò zài

锅 里, 而是 落 在 自己 的 头 和 脸 上 了。
guō li, érshì luò zài zìjǐ de tóu hé liǎn shang le.

由此 可见, 学习 一 种 技术, 看 明白 了 还 不 够, 还 要 多
Yóu cǐ kějiàn, xuéxí yì zhǒng jìshù, kàn míngbaile hái bú gòu, hái yào duō

练习。同样, 要 想 学好 一 种 语言, 只是 懂 了 还 不 行, 也
liànxí. Tóngyàng, yào xiǎng xuéhǎo yì zhǒng yǔyán, zhǐshì dǒngle hái bù xíng, yě

要 多 练习。
yào duō liànxí.